はじめに

本書は、「望まない性交」を経験した当事者にその経験を語っていただき、その「語り」を、同意のない性交が起こるプロセス、同意のない性交が被害当事者の人生に及ぼす影響、そして回復への道のりといった観点から分析した、一連の調査の結果をまとめた本です。

性犯罪・性暴力被害の心理臨床や研究に携わる中で、被害者支援の立場に立つ私からすると明らかに性暴力だと思われる事件が無罪となる、あるいは不起訴になるといった、社会の理不尽を見てきました。また、事件を家族に打ち明けた被害当事者が、家族から心ない言葉をかけられたり、被害の影響を周囲に理解されず、会社や学校で苦しんだりする姿を見てきました。

性暴力被害について、社会には、「レイプは見知らぬ人から受けるものだ」「被害にあった人は挑発的なかっこうをしている」「抵抗しないということは同意したということだ」「男性と二人でお酒を飲むことは、性行為への同意だ」といった、偏見や先入観、誤った通説が存在します。被害当事者が経験している現実の「性暴力被害」と、司法や社会が認識している「性暴力被害」には、ズレが存在します。

被害当事者の声を社会に届け、当事者の視点から見た「性暴力被害」を社会に広げることができたならば、そうした社会の誤った認識を減らせるのではないか。そうした思いで、調査を続けてきました。

本書の中には、インタビューにご協力くださった方々の「語り」が掲載されています。「性暴力とは何か」を知りたいと思い、本書を手に取ってくださった方は、ぜひ、その「語り」に、率直に、耳を澄ませていただければと思います。

これから「性暴力」について学び始める人、すでに学んでいる人、あるいはさまざまな支援者、司法関係者、メディア関係者にとっては、「性暴力被害」の実態を知ることができる本になっていると思います。また、たとえば、ご自分の大切な人、子どもやパートナー、友人が被害にあった方には、どのように接していくとよいか、そのヒントが得られるかもしれません。そして当事者の方にとっては、ご自身と同じ思いを経験した方の記載があるかもしれません。

本書が、さまざまな人にとって、被害当事者の視点から「性暴力被害」を考える一助になればと願っています。

今回は、主に、心理学・精神医学の立場から、個人間の心理と個人を取り巻く社会的状況に関する分析に焦点を当てています。

しかし、性暴力とそれによる苦しみは、より広い社会の在り方が大きな影響を与えていることも忘れてはいけません。本書でも、社会規範やジェンダー規範にも少し触れましたが、今後、より深く考えていく必要があります。そうした社会規範やジェンダー規範がどのように作られてきたのか、歴史的な文脈ではどうであったのか、現代の社会はどのようであるのか、性暴力とそれによる苦しみは、現在の社会のどのような在り方が影響しているのか、私たちは学び続け、考え続けていかなければならないと考えています。

また、性暴力にはジェンダーの問題が大きく関わります。今回のプロジェクトではまず女性を対象に調査を行い、シスジェンダー女性（生まれた時に診断された身体的性別と、自分自身の性自認が一致して生きる人のこと）の被害を中心とした本となりました。本書の中でも、ジェンダー規範が性暴力被害を発生しやすくさせていることが書かれています。しかし、性暴力被害は、すべてのセクシュアリティが遭遇する問題です。男性の性暴力被害は、女性以上に、暗数の割合が多いのではないかと考えられます。そしてセクシュアルマイノリティは被害に遭遇する可能性が非常に高いことが知られています。今後は、対象を広げてプロジェクトを継続していく必要性を感じています。

そうした意味では、私たちのプロジェクトはまだ道途上にあります。

しかしまずは、現時点までの調査結果を伝え、性暴力被害当事者が生きやすい社会へ、そして性暴力が生じない社会へ、変わっていく一つの力になったならば、幸いです。

本書は、インタビューにご協力くださった三一名の方々、体験談を寄せてくださった二〇名の方々、インタビュアーの研修や調査広報に協力くださった一般社団法人Spring、各種支援団体や支援者の方々の存在があって、完成しました。また、その背後には、協力を検討くださった方や情報を拡散してくださった方々もいらしたことと思います。そして、インタビューに回答したいという当事者の背中を押してくださった精神健康保健関係者の方々もいらっしゃいました。

インタビューや体験談への協力を決意することは、非常に困難が伴うことだったと思います。インタビューに答えることも、体験談を記載することも、その他の協力も、ご自身の心の中の傷が刺激される経験だったことと思います。自身の体験を語ることは、とても勇気がいることです。そして、負担のかかることです。

それでもなお、自分の体験を社会に届けたい、社会を変える力にしたいと願ってくださった皆様のお力で、本書はできあがりました。本当に、ありがとうございます。

そうした、このプロジェクトにご協力くださった皆様、心を寄せてくださった皆様を、私は、思いを同じにする仲間だと思っております。何度感謝申し上げても尽きることはございませんが、心より御礼を申し上げます。

二〇二〇年二月　齋藤 梓

追記①
本書では、ご協力いただいた方々の被害内容について、個人が特定できないように改変をしている部分があります。
本書には、性暴力に至るプロセスなど、生々しい語りが含まれています。被害経験のある方は、お読みになってフラッシュバックが起こることもあるかもしれません。そうでない方も、強い衝撃を受けるかもしれません。

また、語りから真摯に何かを受け取りたいと読み進めていくうちに、あまりの社会の理不尽さに気持ちが苦しくなることもあるのではないかと思います。

そうしたときには、どうか手を止めて、少し休む時間をお取りください。お茶を飲みながら、安心できるぬいぐるみなどを抱きしめながら読むのもよいと思います。あるいは、安心・信頼できる人と一緒に読んだり、一緒にいてもらいながら読んでもよいと思います。

被害のことを相談したい場合は、巻末の『相談先一覧』を参照ください。

追記②

本書の一部は、二〇一九年五月二三日、二五日に、それぞれ院内集会、東京大学でのシンポジウムにて発表をいたしました。また、二四日に法務省性犯罪にかかわるワーキンググループでも公表しております。

さらに、以下、学会発表および紀要での発表をしています。

【学会発表】

Saito, A., Otake, Y., Takano, A., Kaneta, T.（2018）What is 'consent' in sexual intercourse for Japanese women?: Qualitative research to build women-centred care for survivors of sexual violence. International Health Conference, 28-30 June , Oxford, UK.

【紀要】

北海道大学公共政策（http://hdl.handle.net/2115/74441）

齋藤梓・大竹裕子（二〇一九）「当事者にとっての性交『同意』とは―性暴力被害当事者の視点から望まない性交が発生するプロセスをとらえる」年報公共政策 13 ; 185-205.

大阪教育大学学校危機メンタルサポートセンター

（https://opac-ir.lib.osaka-kyoiku.ac.jp/webopac/TD00031138）

齋藤梓・岡本かおり・大竹裕子（二〇一九）「性暴力被害が人生に与える影響と被害認識との関係―性暴力被害の支援をどう整えるべきか」学校危機とメンタルケア 11 ; 32-52.

清泉女学院大学リポジトリ（http://id.nii.ac.jp/1048/00000452/）

岡本かおり・齋藤梓・大竹裕子（二〇二〇）「性暴力被害の警察届出をめぐる被害当事者の思い―被害当事者へのインタビュー調査に基づく検討」清泉女学院大学人間学部研究紀要 1 ; 25-50.

目次

はじめに　3

第Ⅰ部　こうして性暴力被害の調査が始まった

第1章　わたしたちの声を、届けてもらえませんか……13
第2章　性暴力の現状、調査プロジェクトの始動……17

【調査にご協力くださった方々の概要】　26
【当事者たちが被害について語る理由】　29

第Ⅱ部　明るみになる性暴力の加害プロセス

第3章　罠にかける加害者――エントラップメント……35
第4章　地位・関係性を利用した性暴力――社会的抗拒不能……55
第5章　対等な関係での罠――モノ化されることの傷つき……69
第6章　子ども時代における家庭内の性暴力――行為を認識できないあいだに進むプロセス……85

第Ⅲ部　回復への道のりと支援

第7章　被害認識の難しさと自責感——わたしは被害者なの？……107
第8章　被害の影響——ゆるやかにつづく、死にたい気持ち……125
第9章　援助希求と周囲からの承認——悪いのは、加害者……147
第10章　レジリエンス——回復する女性たち……169

第Ⅳ部　より良い社会を創るために

第11章　性暴力とそうでない性交を分けるもの……195
第12章　社会への提言——性暴力被害当事者が生きやすい社会にするために……207
おわりに　217
相談先一覧　224

第Ⅰ部

こうして性暴力被害の調査が始まった

第1章　わたしたちの声を、届けてもらえませんか

「性暴力」というと読者の皆さんはどのような状況を思い浮かべるでしょうか。もし、自分自身が性暴力に巻き込まれたら、まず何をしますか。もし、家族や友人、大切な人が性暴力にあったら、どう対応しますか。もし、警察や弁護士に相談しても理解してもらえなかったら、どうすればよいでしょうか――。一般に抱かれている性暴力のイメージと、実際に被害を受けた際に経験する現実とのあいだには大きな隔たりがあります。本書はその溝を埋めるために書かれたものであり、二〇一七年一二月から行ってきた『性暴力被害経験に関する質的研究』プロジェクトの結果をまとめたものです。

プロジェクトのきっかけは、性暴力被害の当事者と支援者が運営する一般社団法人Springからの一通のメールでした。「わたしたちが経験してきた性暴力の現実を伝えるための調査研究をしてほしい――」。話を聞き、重要な問題だと認識した私たちは、心理学・看護学・医学分野の研究者によるチームを組み、プロジェクトを立ち上げました。このような依頼メールが送られてくる背景には、一体どのような事情があったのでしょうか。この事情に迫るために、研究プロジェクトのインタビューに協力してくださったある女性の体験を紹介します。

彼女は仕事で出張に行き、取引相手からのレイプ被害にあいました。車に乗せられ、知らない土地を何時間も連れまわされた後の出来事でした。「そういうことは困る」と泣きながら訴えましたが、加害者は行為をやめませんでした。凍てつく寒さの中、服を脱がされかけた状態です。車の外に出たら死ぬかもしれないと、命の危険を感じたと言います。明確な暴力や脅迫はなかったものの、抵抗したり逃げ出したりすることは現実的に不可能な状況でした。

しかし、本社のある東京に戻って警察に被害を届け出たところ、不起訴となりました。「現在の刑法では『暴行または脅迫を用いて』性交していなければ罪とは認定されない」と説明されました。これを「暴行脅迫」要件と言います。さらに、不起訴を不服として検察に申し出ようとしましたが、会社の弁護士たちからこれ以上は騒がず諦めるよう促されました。彼女は当時についてこう語っています。（　）の中は調査者による補足。

「君が騒ぐような人ではないって（検察官に）説明してきたんだ」と（弁護士から）言われて、自分に用意されている道は、何事もなかったように普通のふりをして、以前と同じように仕事をして……。裁判をしないで諦めるということを求められていた。（でも）そんなことできるわけがないんです。できるわけがないということがなぜ（弁護士や検察官は）分からないのか（私には）分からないし、（被害後に働けなくなって）収入もなくなってしまって、償いや補償のお金とかも何もないし、それだけ損失を被っているんだっていうことも（警察や弁護士は）分かっているはずなんですけど、見てないというか……。何て言っていいか分からなかったです……。」

こうした事例は彼女だけではありません。例えば、ある児童期性的虐待のケースでは、中学生から高校生にかけて性的虐待を受けていた女性が、大人になってから警察に相談したところ、「抵抗できない状態にあったとは言えない」と判断され、事件として認めてもらえませんでした。身体的または心理的に抵抗することが著しく困難なことを「抗拒不能」と言い、被害を被害として認める司法上の重要な要件とされています。しかし、一三歳以降に受けた被害でアルコールや薬物、明らかな洗脳等がなかった場合には、自らの意思で性交したとみなされ、抗拒不能とは認められにくいのです（なお、アルコールや薬物等があった場合であっても、認められない場合も多くあります）。

この現実を変えるため、二〇一七年六月に性犯罪にかかわる刑法改正が国会で審議されました。この審議会を通じて刑法の一部は改正されました。しかし、「強制性交等罪（旧強姦罪）」における「暴行脅迫」要件や、「準強制性交等罪」における「抗拒不能」要件は残りました。つまり、暴行や脅迫をされたか、心理的または身体的に抵抗が著しく困難だったのでなければ、犯罪として認められることは依然としてとても難しいのです。司法関係者は「暴行脅迫」「抗拒不能」の両要件とも、解釈を広くして適切に犯罪を取り締まっていると言います。確かに、これらの要件を適切に判断している警察や検察、裁判官もいます。しかし一方で、これらの要件が壁として立ちはだかり、警察で被害として受け付けられなかったり、検察で不起訴になったりした事件もまた山のようにあり、無念の思いを抱え続ける被害者の方々が現実にはたくさんいます。

Springからの研究依頼はこうした背景からなされたものでした。これを受けて、私たちは複数の大学で連携して研究チームを組みました。二〇一七年一二月に研究プロジェクトが始動してから執筆が終わる二〇二〇年三月までの間に、性暴力を取り巻く社会の状況はめまぐるしく変化してゆきました。二〇一九年三月には四件の性犯罪事件に対して立て続けに無罪判決が下され、これを受けて二〇一九年四月から二〇二〇年三月まで毎月、全国でフラワーデモが行われました。当事者が花を手にして想いを語り、聴衆が耳を傾ける、静かな、それでいて心を動かされるデモです。

当事者の声に耳を傾け、その体験を共有することは、社会を動かす大きな力を秘めています。性暴力被害にあうとはどのような体験なのか、一番よく知っているのは当事者です。その声に耳を傾けることで、私たちは、性暴力とは何かを知ることができます。この研究プロジェクトでは、社会活動に携わる当事者以外の声も広く聴くため、Springや他の被害者支援団体の協力を仰ぎ、またインターネットを活用して広く一般の方々の協力も募りました。そうして多くの当事者の方々の想いと勇気を一つの声として形にしたのが本書です。私たちは、この本を手に取ってくださった一人ひとりの心に、そして社会に、この声が届くことを願っています。

――これまで、私たち被害者の声を法律は聞いてくれませんでした。（中略）でも、今、皆さんは聞いてくれています。それは希望です。このことが、加害者が無視した私たちの意思を聞き、私たちが話を聞く価値がある人間であるということを示してくれているからです。――山本潤：第一九三回国会　法務委員会　参考人質疑。

（大竹裕子・齋藤 梓）

第2章　性暴力の現状、調査プロジェクトの始動

1　性暴力被害の現状

当事者からの呼びかけで立ち上がった研究プロジェクトでしたが、公正・中立で妥当な調査を行うには、一部の被害者だけでなく、日本全体の被害の実情を汲む必要があります。

内閣府男女共同参画局が全国五、〇〇〇人を対象とした平成二九年度の調査（二〇一八）によると、「無理やりに性交をされた経験がある」とした女性は七・八％、男性は一・五％でした。性交を伴わない性暴力（電車での痴漢等）も含めればさらに多くの被害が考えられます。性交を伴う被害では、加害者の六〜七割はパートナーや知人（元パートナーや職場関係者等）など身近な人であることが分かっています。被害を誰かに相談したのは男女とも四割に留まり、残りの六割は誰にも打ち明けずにいます。相談先として最も多いのは友人や家族で、全体の四割を占める一方、警察や公的相談機関に連絡する人は、男女の総数として五％以下です。性暴力被害は、ごく身近に起こっているけれども、多くの被害当事者が沈黙し、誰かに相談するのがとても難しい問題であることが分かります（図２-１）。

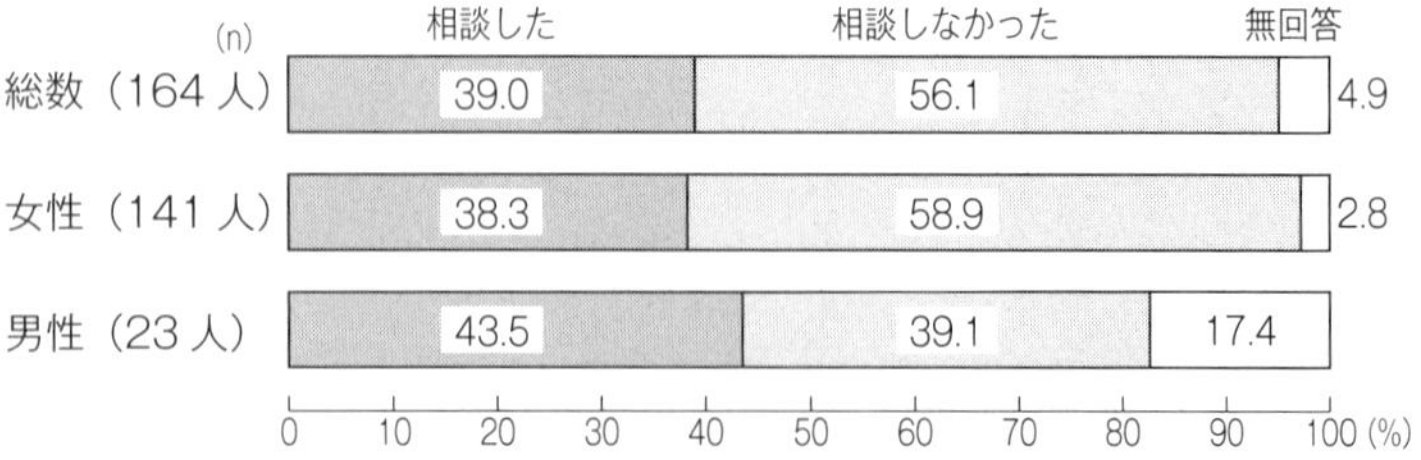

図 2-1　無理やりに性交等された被害の相談の有無
（内閣府男女共同参画局，2018）

2　性暴力被害の影響

性暴力にあった後の心身の影響として、何が起こるのでしょうか。比較的よく知られているのは、トラウマ反応やそれが重篤化したPTSDです[注1]。他に、うつ病やアルコール・薬物依存症も深刻な影響の一つです。

しかし実は、国際的に科学的根拠（エビデンス）が最も明確に認められているのは、自殺念慮・自殺企図と自傷行為です。自殺・自傷は、他の要因（児童虐待やいじめ、基礎精神疾患等）が絡む場合もあり、性暴力との因果関係を特定できないと誤解されることもあります。しかし、他の要因の影響は統計解析処理によって取り除くことが可能です。これを取り除いてもなお、性暴力はそれ単独で自殺・自傷の発生率を約二・五倍から八倍以上まで高めることが、科学的エビデンスの最も高いとされる系統的レビューとメタ解析という手法で明らかにされています（WHO, 2013a; Devries, et al., 2014）。WHO世界保健機関は、性暴力は被害者を死に至らしめる重大な課題であると認めており、効果的な施策の一つとして法整備をあげています（WHO, 2010）。

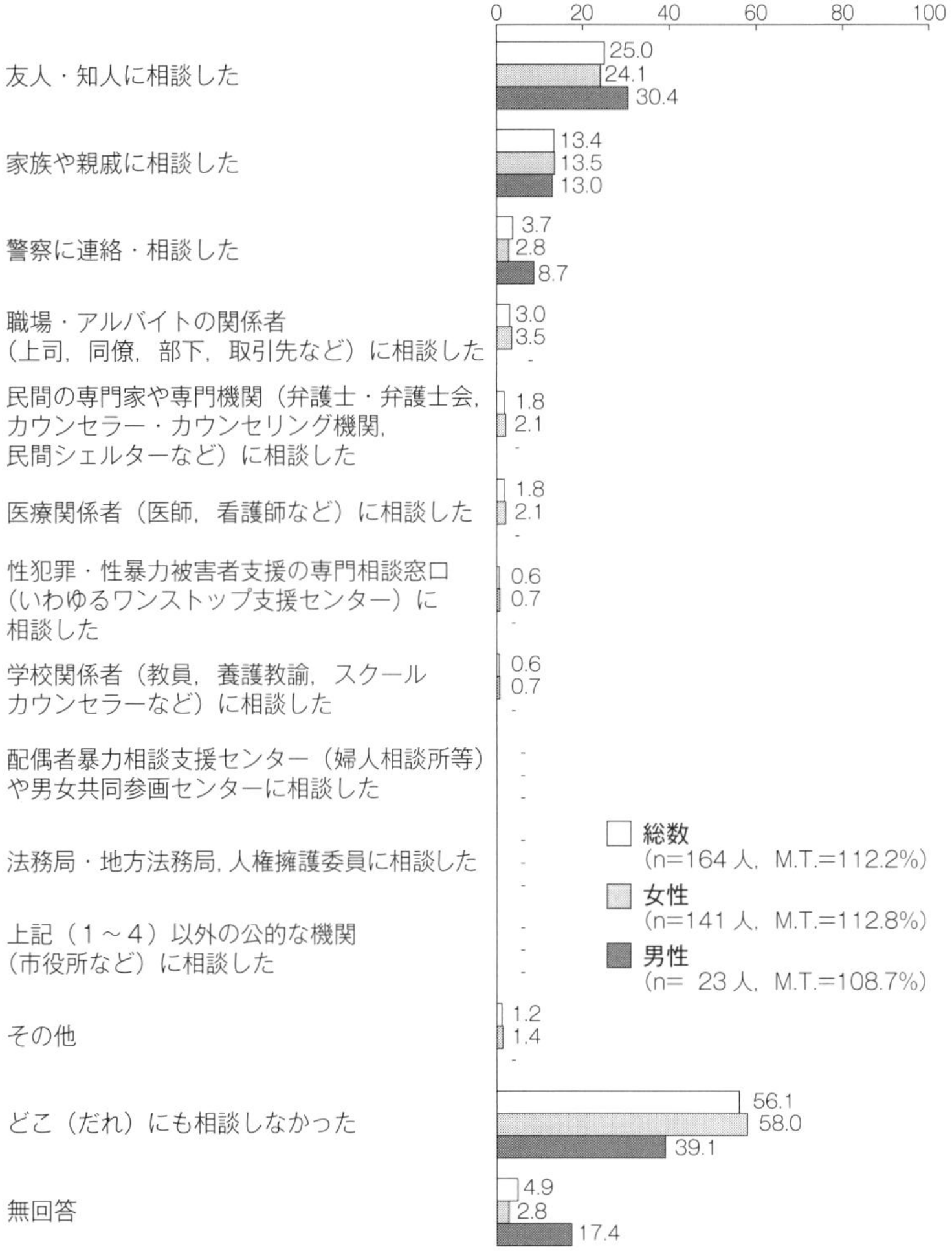

＊「上記（１～４）以外の公的な機関」とは，下記以外の公的な機関を指す。
1．性犯罪・性暴力被害者支援の専門相談窓口（いわゆるワンストップ支援センター）
2．配偶者暴力相談支援センター（婦人相談所等）や男女共同参画センター
3．警察
4．法務局・地方法務局，人権擁護委員

図 2-2　無理やりに性交された被害の相談先（複数回答）
（内閣府男女共同参画局，2018）

3　刑法改正に関する課題

現在、世界中で性暴力関連の法整備が進められており、日本でも二〇一七年に性犯罪に関する刑法が一部改正されました。しかし、被害の現状と刑法の条文とのあいだには未だ大きな溝があり、問題となっています(注2)。

最も深刻な溝は、第1章で述べた「暴行脅迫」「抗拒不能」要件に関するものです。当事者や当事者側に立つ支援者たちは「暴行脅迫がなくとも抵抗できず、望まない性交をされる場合が多くある」「現行法ではそうした被害者を救うことができない」として、暴行脅迫要件を撤廃または緩和し、性交への同意があったか否かを基準にするよう求めています（島岡、二〇一七：ヒューマン・ライツ・ナウ、二〇一七）。欧米諸国では不同意性交（同意のない性交）を基準に刑法を定めていることから、これに準じようという考えです。

他方、法律専門家や司法関係者たちの中には「同意とは当事者の主観であるため、本当に同意していたかどうか客観的な証明が難しい」「現行法でも十分対処できている」として反対意見があります。背景として、日本では性交時に同意・不同意の意思表示を明確にする習慣のないことや、あったとしてもその意思表示はしばしば曖昧で、揺れ動く場合もあるとの考えがあります。

この溝を解消するには、「実際にどのように不同意性交が起こっているのか」「どのような状況でなぜ抵抗ができなくなるのか」を、被害当事者の経験に基づき明らかにする必要があります。

４　支援施策に関する課題

性暴力被害に対応する上でもう一つ重要なのは支援施策です。被害後にさまざまなメンタルヘルスの影響が生じることは既に書いた通りですが、一方で、それほど深刻な状態に陥ることなく被害から立ち直ってゆく人々もいます。この違いを作り出すのが、周囲の理解とサポート、そして公的な支援体制です。これらがしっかりとあることで、深刻な心身への影響を予防し、回復を大きく助けることができます。したがって、法整備と並行して、社会の理解と支援体制の整備が極めて重要となりますが、それに向けてどのような課題があるのでしょうか。

まず、当事者は自分の身に起きたことを「性暴力」「被害」として認識しづらく、そのために通報や相談が遅れ、被害が潜在化しやすいことが挙げられます。警察に通報されるのは被害全体の五％未満であり（内閣府男女共同参画局、二〇一八）、その理由として「警察に相談して良い被害かどうか分からなかった」が二一・五％を占めます（警察庁、二〇一八）。しかしもし本人が「性暴力」「被害」として認識したとしても、誰かに相談することはやはり難しく、被害を受けた人の六割は誰にも打ち明けません。その根底には、社会の理解と支援体制が十分ではない現状があります。

こうした課題を解決するには、「なぜ被害を認識したり、相談したりすることが難しいのか」「当事者にとって必要な支援とは何か」を、被害当事者の視点から明らかにする必要があります。

5　研究設問と手法

ここまでの課題をまとめ、私たち研究チームは次の設問を立て、これに答えることを目的として調査を行うことにしました。(注3) 第Ⅱ部・第Ⅲ部の各章はこれらの設問に答える内容となっています。

設問：

一．被害当事者の視点から見ると、不同意性交はどのような経緯で起こっており、なぜ抵抗が難しいのか。（第Ⅱ部第3、4、5、6章）

二．被害当事者にとって、なぜ被害を認識したり、相談したりすることが難しいのか。（第Ⅲ部第7、9章）

三．被害当事者にとって必要な支援とは何か。（第Ⅲ部第8、10章）

言葉の定義：

「不同意性交」は多くの人にとって聞きなれない言葉であり、またその捉え方には大きな個人差があります。そこで調査では「望まない性交」という日常的な言葉を使い、次のように定義しました。「自分が望んでいないのに、性器を含む相手の身体の部位または異物を、自分の膣・肛門・口のいずれかに挿入された行為。なお、未遂や性的接触も含め、加害者の人数や性別も問わない」とし、関連する体験を広く収集しました。

「なぜ刑法における『強制性交（強姦）』の定義を用いないのか」と聞かれることがあります。なぜなら、現行法では犯罪とされないけれども被害者に苦しみを与える性交をしっかりと捉えるためです。また「不同意性交を全て犯罪化したいのか」と聞かれることもありますが、違います。不同意性交の実態を広く捉えて明らかにすることで、どこまでを犯罪とすべきか否かという議論に役立てることが目的です。

調査手法：

二〇一七年一二月に研究チームを立ち上げ、二〇一八年五月から同年一一月までの期間に、質的研究法と呼ばれる手法を用いて、望まない性交の体験をインタビューとＷｅｂ投稿により集めました。性暴力被害はジェンダーや年齢により内容・表現等が異なることから、今回は成人女性（性自認）の体験に焦点を当てました。なお、男性やセクシュアルマイノリティの被害も極めて重要なものであるという認識から、今後のプロジェクトで焦点を当てたいと考えています。

誰にも相談せず沈黙する女性たちの声をできる限り拾い上げるため、複数の当事者団体や弁護士を通じた募集に加え、専用ホームページからの募集、紹介・口コミを通じた募集も併せて行いました。結果、青森県から沖縄県までさまざまな地域から、五一名の女性が調査に協力してくださいました（インタビュー三一名・Ｗｅｂ投稿二〇名）。なお、「協力者の人数が少ないのでは」と言われることがありますが、質的研究法は比較的少ない数の対象者とじっくり関わり、「質的」な理解を深めることを目的としています。対象者の人数は少なければ一名、多くても四〇名程度が一般的で、人数と分析結果の妥当性は関連しません。

データ収集・分析は、根拠に基づく政策のための学術研究で世界的によく使われるグラウンデッド・セオリー（データ対話型理論構築法）（Charmaz, 2014）に準じました。研究チームメンバーは、女性たちをインタビューで傷つけたり、自分自身が分析の過程でストレスを抱えたりしないよう、性暴力被害対応のＷＨＯガイドライン（WHO, 2013b; 2014）に準じたトレーニングを受けています。

詳細な研究計画書は以下のホームページからご覧になれます。

URL:https://spring-research.webnode.jp/

（大竹裕子・齋藤 梓）

〔注〕

1　性暴力のトラウマ反応には、被害時の記憶が蘇るフラッシュバック、異性関係の回避、不眠等が含まれる。これらの症状が固定し重篤化したのが心的外傷後ストレス障害（PTSD：Post-traumatic stress disorders）であり、ＷＨＯ国際調査によればレイプ後のＰＴＳＤ発生率は一九・〇％となっている。（Kessler et al., 2017）

2　明治時代に定められた刑法が使われ続けてきたことから、時代の変化を適切に反映しきれていないことが問題となっている。

3　本研究は、目白大学の人および動物を対象とする研究に係る倫理委員会の倫理審査の承認を得て実施した。

【引用文献】

Charmaz, K.（2014）Constructing grounded theory 2nd edition. SAGE Publications Ltd; London, UK.

Devries, K., Mak, J.Y.T., Child, J.C., Falder, G., Bacchus, L., Astbury, J., Watts, C.（2014）Childhood sexual abuse and suicidal behavior: A meta-analysis. Pediatrics, 133（5）; e1331-1444.

ヒューマン・ライツ・ナウ（二〇一七）『刑法の性犯罪規定の改正についての声明』（http://hrn.or.jp/wpHN/wp-content/uploads/2017/03/d0933f4e4cfd6a8317509d69bc1312ab.pdf.）

警察庁（二〇一八）平成二九年度犯罪被害類型別調査

Kessler, RC. & the WHO World Mental Health Survey Collaborators（2017）Trauma and PTSD in the WHO World Mental Health Surveys. European Journal of Psychotraumatology, 8（sup5）: 1353383.

内閣府男女共同参画局（二〇一八）「男女間における暴力に関する調査」報告書平成二九年度版

島岡まな（二〇一七）「性犯罪の保護法益及び刑法改正骨子への批判的考察（井田良教授退職記念号）」『刑法法学』三七、一九－三七頁

WHO（2013a）Department of Reproductive Health and Research, London School of Hygiene and Tropical Medicine, South African Medical Research Council.; Global and regional estimates of violence against women: Prevalence and health effects of 12 intimate partner violence and non-partner sexual violence.

WHO（2013b）Responding to intimate partner violence and sexual violence against women：WHO clinical and policy guidelines.（http://www.who.int/reproductivehealth/publications/violence/9789241548595/en/）

WHO（2014）Health care for women subjected to intimate partner violence or sexual violence：A clinical handbook-Field testing version.（http://www.who.int/reproductivehealth/publications/violence/vaw-clinical-handbook/en/）

WHO/London School of Hygiene and Tropical Medicine（2010）Preventing intimate partner and sexual violence against women: Taking action and generating evidence. Geneva, World Health Organization.

【調査にご協力くださった方々の概要】

（齋藤 梓）

本研究にご協力くださった方々の概要を、表1にまとめました。インタビューに協力くださった方は三一名で、一人の方が複数の被害経験について語ってくださっている場合もあるため、被害件数は四一件でした。体験談の記載のみご協力くださった方は二〇名で、被害件数は二二件でした。表1で、件数で書かれているものは被害件数、人数で書かれているものは協力人数での表記をしています。

「被害時」は、成人の時の被害か未成年のときの被害かを表しています。今回協力くださった方の半数以上は未成年の時の被害であり、一三歳未満のときの被害も見られました。

「加害者属性」は、加害者が被害当事者にとってどのような関係の相手だったかを表しています。加害者が見知らぬ人である場合は少なく、多くの場合、親族および見知った人から被害にあっていました。

「加害者性別」は加害者の性別を表しています。当事者が把握している限りの性別です。加害者は男性の場合が多く見られましたが、女性の場合もありました。女性が加害者である場合、すべて見知った人からの被害でした。

「内容」は、同じ加害者（親族以外）から継続して被害を受けていた場合、親族からの性虐待の場合、加害者が二名以上であった場合などを取り上げ、件数を載せています。なお、継続被害には親族は含まれておらず、親族からの性虐待の多くは継続被害でしたので、全件数のうち、三分の一以上は継続的に被害を受けていたということになります。

「同意のない性交プロセス」は、第3章で詳述します。

「被害の認識までかかった期間」は、その出来事が起きてから、その出来事が「性暴力被害」であったと認識するまでにかかった時間です。出来事直後に、自分の身に起きたことを「性暴力被害」であると認識する場合のほうが少なく、被害の認識には時間がかかることが分かります。また、インタビュー時点においてさえ、「望まない性交」ではあったものの、「性暴力被害」と認識することにためらいのあった方もいらっしゃいました。

「被害の影響」は、出来事後に被害によって引き起こされている精神的影響のエピソードをまとめたものです。第2章で示したとおり、トラウマ体験の後に生じる心身の反応であるトラウマ反応、抑うつのエピソードだけではなく、多くの人が自殺念慮・自殺企図エピソード、つまり「死にたい」と思ったり、実際に死ぬための行動を取っていたりすることが分かります。

「抵抗型」は、出来事のときに、ほとんど何も抵抗することができなかった場合、言葉で抵抗している場合、相手を殴るなど身体的に抵抗している場合の分類です。身体的抵抗までできる人はまれであり、ほとんど抵抗することができなかった、あるいは「やめてほしい」といったことを言葉で示すだけで精いっぱいだったと語られていました。

最後は、刑事手続についてまとめました。二〇二〇年三月現在の、強制性交等罪の要件になっている「暴行・脅迫」が見られた出来事の件数は、一三件でした。警察に相談すること、そこから起訴まで至ること、さらに有罪の判決が出ることが、どれほどまれなことかが、この件数からは推察されます。

表１　分析対象件数概要

		インタビュー	体験談のみ
被害時	成人	19件	8件
	未成年（うち13歳未満）	22件(8件)	13件(6件)
	不明		1件
加害者属性	顔見知り（友人・先輩等）	15件	7件
	見知らぬ人(元々の知人ではない)	11件	3件
	(元）パートナー	5件	4件
	親・養親・親の恋人	5件	3件
	上司	3件	1件
	きょうだい	2件	2件
	不明		2件
加害者性別	男性	39件	21件
	女性	2件	1件
内容	継続被害	7件	9件
	親族からの虐待	7件	5件
	集団での被害	2件	1件
同意のない性交プロセス	奇襲型	9件	
	飲酒・薬物使用を伴う型	6件	
	性虐待型	6件	
	エントラップメント型	20件	
被害の認識までかかった期間	出来事直後	6件	
	1年以内	8件	
	5年以内	9件	
	10年以内	4件	
	10年以上	9件	
	被害だと思いきれない／不明	4件／1件	
被害の影響	自殺念慮・自殺企図エピソード	20名	
	トラウマ反応エピソード	26名	
	抑うつエピソード	26名	
抵抗型	無抵抗	24件	
	言語的抵抗	14件	
	身体的抵抗	3件	
暴行脅迫有		13件	
警察相談有		9件	
警察届出有		8件	
起訴		2件	
有罪		2件	

【当事者たちが被害について語る理由】

（江口のぞみ・松本衣美・宮本有紀）

本調査は、被害を受けたプロセスについて語っていただくという、インタビューにご協力くださった方に大きな負担のかかる調査です。それでも、限られた調査期間のあいだにも、三一名の方がご協力くださいました。インタビューにご協力くださった三一名の女性は、それぞれの人生を歩みながら、被害者のために、被害者を生み出さない社会を築いていくために、協力したい、役に立ちたいという共通した思いを語ってくださいました。当事者たちがインタビューへの協力を受け入れられた動機について、表2にまとめました。

本書で引用されるさまざまな「語り」は、このような動機のもとで研究にご協力くださった方々の声であることを理解し、読み進めていただければと思います。

表2　インタビューを受けた動機：語りの中から抜粋（複数回答）

〈役に立ちたい・協力したい・助けたい〉

・起こるべきじゃないことだけれども、一個何か意味のある、私の人生にとっても、ほかの人にとっても、ちょっと意味のあることになったんだとしたら、ちょっと私の傷つきも何か役に立つかなと

・自分の体験とか、自分が今までそれでやってきたことが社会に生かせる形があるんだったら、それには協力したいし、話したいなって

〈刑法を改正したい・被害者の泣き寝入りを防ぎたい〉

・刑法改正につながるのであればっていう思いがやっぱり強かったので、参加しました

・抑止が効くっていうのは絶対大きいと思います。犯罪だと認識されると声を上げやすくなるし、「私が悪いんじゃないか」とか思わなくなる

〈被害者をとりまく環境や社会を変えたい・性暴力に対する社会の風潮を変えたい〉

・人権蹂躙してる加害者が一切責められずに、いい人、むしろ被害者だぐらいのことを言われて、同じことを繰り返してね。で、多くのさ、女の子たちの人生を奪って、のさばってる社会ってどうなのよって、本当に思う

・性暴力を受けている人が、統計的に見てもいる中で、あたかも何も起こっていないかのように振舞うことはできないと思う。私たちは、その社会がね、あたかも何も起こっていないかのように進んでいくことはできないと思う

〈被害者をつくりたくない・自分と同じ目にあってほしくない〉

・昔の自分みたいな子が今もきっといるよなって思って。それで何ができんだろうとか思ったら、何かやっぱりアクションをすることなのかなって

・ここで頑張らなけりゃ後輩たちのためにならないなと、あんまり野放しにしちゃいけないんじゃないかって、すごいそのときゾクッと

〈被害者を支えたい・救いたい・被害者を支える人や助ける人を増やしたい〉

・自分の経験を知って、「私も」って言える子がいて、その子が救われるんだったらいいなと思う

・周りの身近な人たちにね、助けてもらったので、なんかそこでそういうのを拒否しないで受け入れられる人、受け入れてくれる人が増えてくれたら（中略）あなたが悪いじゃなくてあなたは悪くな

いよって言える人を増やしたい

〈被害者にPTSDについて知ってもらいたい・治療を受けてもらいたい〉

・PTSDっていう概念、こういうことがあるんだよっていうことを広く一般に知らせてもらって、性的な被害にちょっとでもあったような人がいたら、PTSDをまず疑って、ちゃんとした治療を受けてもらってっていうことをやっていただきたい

〈学校等で性教育や心理教育をやってもらいたい〉

・学校教育で性教育っていうのをもうちょっとやってほしいなと思いました。性暴力っていうことに関しても

・心理的な教育があるといい

〈加害者をなくしたい〉

・被害者の支援ももちろん大事なんですけど、加害者をつくらないことが一番先決です。今、加害者をつくらないためには、どうしたらいいかっていう

〈自分の体験を聴いてもらいたい〉

・こういう自分の体験を話す機会っていうのがずっとほしかった

第Ⅱ部

明るみになる性暴力の加害プロセス

第3章　罠にかける加害者――エントラップメント

1　犯罪として扱われにくい性暴力の存在

第1章、第2章で述べてきたように、性暴力を取り巻く現状にはさまざまな課題があります。これまで日本では、同意のない性交であっても、「同意がない」というだけでは性犯罪とはみなされませんでした。二〇一七年の性犯罪刑法改正議論の際には、「不同意性交は当事者の主観であるため、立証することが難しい」「暴行脅迫がなければ、それが犯罪であったという証拠になるものがない」といった意見も出ています（法務省、二〇一五）。つまり、第三者から見てその出来事が「同意のない性交」であったのかどうかが分からない、加害者からの暴力や脅迫があれば、被害者の「同意がない」ことがはっきり分かるのだから、それを犯罪として扱う方がよい、という意見です。一方、被害当事者や被害者支援に携わる人々からは、「暴力や脅迫が使われた性暴力だけを性犯罪とするのでは、範囲が狭すぎる」「同意のない性交を性犯罪だと認定すべきだ」という意見が出されています。

この問題の背景には、「同意のある性交」「同意のない性交」がどのように発生しているのかが明らかになっていないということがあると考えられます。日本において、「同意のない性交」がどのように発生するのかを明らかにすることで、「同意のない性交」とはどのようなものかが、よりはっきりするでしょう。

本章では、被害当事者へのインタビューから、「同意のない性交」がどのようなプロセスで発生しているかを考えていき、「同意のある性交」「同意のない性交」とはどのようなものかを明らかにしていきます。そして、第4章では上下関係がある場合の「同意のない性交」のプロセスを、第5章では対等な関係でのプロセスを、第6章では子ども時代に発生した出来事のプロセスを、それぞれ検討していきます。

2　同意のない性交に至るプロセスの「型」

今回、協力くださったインタビューから、「同意のない性交プロセス」、つまり同意のない性交に至るプロセスについて、大きく四つのプロセス型があることが分かりました。それは**「奇襲型」「飲酒・薬物使用を伴う型」「性虐待型」「エントラップメント型」**です。

一つ目は「奇襲型」です。これは、目が覚めたら既に襲われている最中だった、あるいは道を歩いていて突然襲われた、というように、突然襲われ「望まない性交」を経験したという状況です。加害者は、見知らぬ人の場合もあれば、親やきょうだいなど親族であり「性虐待型」と重なっている場合もありました。

「飲酒・薬物使用を伴う型」は、お酒や薬物の影響で、正常な判断ができない、あるいは身体を動かすことができない状態のときに性交されたという型です。この型には、行為の最中の記憶がある場合と、無い場合が含まれています。お酒や薬物を飲まされる過程に、「エントラップメント型」や「奇襲型」が使われている場合もありました。

「性虐待型」は、親やきょうだいなど親族、あるいは親の恋人、そのほか衣食住を管理する者による、子どもの頃の継続した性暴力被害です。性虐待は、「奇襲型」や「エントラップメント型」から始まることも多く見られますが、被害者が子どもであり加害者が身近な大人であることなど、特有の力関係の中で行われるため、一つの型として取り出しました。

そして最後が「エントラップメント型」です。エントラップとは、罠にはめるという意味があります。これは、精神的・物理的に徐々に逃げ道をふさがれていき、明確な暴力がなくとも逃げられない状態に追い込まれて被害にあうというプロセスの型です。この中には、パートナーによるドメスティックバイオレンスも含まれています。ドメスティックバイオレンスが行われていくプロセスは、まさに、加害者が被害当事者の逃げ道をふさいでいく過程であると考えられます。

「望まない性交」に至るプロセスでは、「エントラップメント型」が多く見られました。また、「飲酒・薬物使用を伴う型」の飲酒をさせる過程に「エントラップメント」が見られたり、「性虐待型」に「エントラップメント」が見られたりもするため、それらを含めると、今回のインタビューで語られた「同意のない性交」が発生するプロセスの多くに、「エントラップメント型」が見られるということになります。

私たちは、この「エントラップメント型」が、「同意のない性交」の最も典型的なプロセスだと考えました。以下、一つひとつの型について説明していき、特に「エントラップメント型」について詳細に説明します。

【奇襲型】

「奇襲型」の加害者は、多くの場合、見知らぬ相手であり、睡眠中など、当事者に意識がない状態で発生していました。しかし、見知った人が就寝中、部屋に侵入してきたという例も見られました。この場合、どちらにしても、屋内の個室で目が覚めたら突然、加害者が自分をレイプしていることに気付くような状況です。

例えば、ある当事者は、自分の部屋でうたたねをしており、目を覚ましたら窓から知らない人が入ってくるところで、そのまま襲われたという経験について、次のように語っています。

そしたら、まあ物音がして、（中略）窓から、月を背負って入ってきたみたいな感じなんですけど。（中略）とりあえず、知らない人が入ってきたんです。で、もうスローモーションで、こう、飛び降りてくるような感じのところが私には見えていて、え？　と思って。（中略）もう入ってきてすぐに背後取られちゃったんですよ。で、そのまま犯人に、こう、後ろから抱えられるような感じで、なんか、犯人側に、こう、引き倒される感じで、何だろう、羽交い締めみたいにされて、で、まあ、何だろう、やらせろみたいなこと言われて、たぶん、そのやりとりをした後の記憶がちょっと一部抜けて、たぶんぎゃーぎゃー抵抗したりとかしたんですよね。したんですけど、まあ、でもぎゃーぎゃー抵抗したもんだから、もう首は絞められるは大変なことになってて。（A9・三〇代）

前記は、加害者は見知らぬ人でしたが、加害者が見知った人の場合もありました。例えば、目が覚めたら突然、母の恋人にキスをされていたという当事者もいました。

一方、被害当事者が意識のある状態で突然襲われる場合もありました。その典型的な例は、路上でナイフなどの武器で脅されレイプされる場合です。未成年の時に路上で突然襲われた当事者は、出来事のはじまりを次のように語っています。

（加害者に道案内を求められて）あ、じゃあこっちですよみたいな感じで案内をして。で、うんとー、その加害者が私の後ろを歩いていたので、何かの瞬間で後ろから口を押さえられて、なんか、引きずり倒されたような感じですかね。（中略）で、声を出そうと思って出してたんですけど、口と鼻を押さえられちゃ、しまって、息ができなくって。で、後ろから後頭部を「黙れ」みたいな感じでガンガン殴られてて。で、うーんと、ナイフを持ってたらしいんですけども、ナイフを見た記憶を私なくって、「刺すぞ」みたいな感じで、「黙れ」みたいな感じで脅されたんですよね。（A８・四〇代）

「奇襲型」は、主に見知らぬ相手から、突然部屋に侵入されて、あるいは就寝中屋内で、または道を歩いていて脅されて、などの形で、突然襲われるという経験です。被害者は、驚きと恐怖で頭がまっしろになり、抵抗できない場合が多いですが、抵抗している場合もあります。多くは加害者からの脅しや暴力を伴っており、抵抗した場合、さらに暴力がひどくなることもありました。こうした出来事は、被害当事者にとって恐怖が強く、自分が性交に同意していないことが明らかであり、性暴力として認識しやすい傾向がありました。また、第三者から見ても同意がないことが明白です。つまり、同意をめぐる当事者の認識と社会の認識に、ずれが生じにくいタイプの性暴力ということになります。ただし、第7章でも述べられていますが、この型でも被害者が性暴力として認識しづらい場合もあります。

【飲酒・薬物使用を伴う型】

一方、同意がないことが明白であっても、被害当事者にとって、被害という認識が持ちづらい出来事もあります。その代表的なものが、「飲酒・薬物使用を伴う型」です。

飲酒・薬物使用を伴う型では、加害者は、飲酒によって酩酊した機会に乗じて、あるいは薬物を使用して相手を酩酊状態、あるいは意識のない、もうろうとした状態にさせます。そして、被害当事者が正常な判断ができない状態で、性交におよびます。例えばある当事者は、大学生の頃にサークルの飲み会で、以前交際していた相手からお酒を飲ませられたうえ、酩酊したところで望まない性交をされました。

そのサークルの文化が、割とこう、お酒をすごく飲む文化だったので、まあ勧められたら飲まないと根性がないというか、そのノリで。それで、その相手の彼がすごい飲ませてきて、何となく周りの目があるから、これ飲まないと何か雰囲気悪くなるなと思って飲んでたら……。何か、うーん、夜、何か二人で歩いていたのは覚えてるんだけど、そっから先はちょっとあんまりよく覚えてなくて。朝起きたら、あ、やばい（性交していた）みたいな感じだったと思います。（A7・三〇代）

前記の女性は、被害後、大事にしたくないという思いと、飲酒をした自分を責める思いから、警察への届出はしませんでした。しかしその後、死にたい気持ちになるほど落ち込み、抑うつ的になり、交際していたパートナーとも別れるなど、さまざまな影響を経験しました。

「飲酒・薬物使用を伴う型」では、しばしば、当事者と加害者がもともと顔見知りであったり、飲酒や薬物のために性交時の記憶があいまいであったり、飲酒したことについて自分を責める気持ちが湧いたりします。こうした理由のために、当事者は、不同意ではあっても、それを被害だとは認識しづらい傾向が見られました。

【性虐待型】

「飲酒・薬物使用を伴う型」では、加害者が顔見知りであることが多く見られました。「性虐待型」は、たいていの場合、加害者は当事者にとって大切な家族です。加害者は兄、姉、親、養親（親の恋人）など、家族、かつ自分よりも立場が上の人であり、家庭内で性暴力が発生していました。例えば、ある当事者は、兄から受けていた性虐待について、その始まりを次のように語っています。

（家族みんなで同じ部屋に寝ていて）夜気が付くと、私と窓との間にその兄がいて、まあ、うーん、布団の中に手入れて、服の上から触ってくるということが、そうですね、まず一番最初の始まりでした。（中略）当時はされていることの意味だとかも何も知らなかったので、なんなんだろうって。（A23・二〇代）

前記の出来事は「奇襲型」ですが、その後数年間かけて、徐々に行為が性交に近づいていったと述べています。このように性虐待型では、出来事の意味が分からない年齢の頃に身体を触るということから始まり、少しずつ行為が進行していくというプロセスが見られました。被害当事者は、被害が日常と化してしまい、行為の意味に気が付いたときにはすでに時間が経っており、誰にも相談できず、抵抗することも困難になって、時には一〇年、二〇年と被害が続く場合も見られました。性虐待型について、詳しくは、第6章で詳述します。

【エントラップメント型】

私たちの調査では、インタビューで語られた「望まない性交」に至るプロセスとして、「エントラップメント型」が最も多く見られました。

エントラップメント、つまり罠にかけるというプロセスを示す代表的な例として、ある当事者は、被害について次のように語っています。この方は路上でアンケートに答えてくださいと声を掛けられ、答えているうちに追い込まれ、性的体験の強要の被害にあいました。

> 年齢はやっぱり向こうが上なので（そもそも断りづらい）。（中略）（最初は相手が）ぺこぺこしてる感じだったんだけど。（中略）こっちがどこどこ大学とか個人情報を出し始めると、（中略）先生みたいな感じで上から話してくるようになって、それが固定したところで、パッと連れ込むっていうことでした。（中略）たぶん、「彼氏いるの」って聞かれたりとか、答えづらいことを聞かれて、こっちが口ごもってる、うつむいてる――（中略）で、口ごもったところで（暗い路地裏に連れ込む）っていう感じでした。（A1・三〇代）

前記の例では、アンケートに回答を求めるという会話から始まり、当事者の個人情報を引き出して力関係の上下を作り出し、権威的な話し方で追い込み、逃げられないようにしていき、当事者が答えられない質問で戸惑ったところで暗い路地裏に連れこんでいます。まさに、当事者を罠にかけて追い込む形が見られます。この例が示すように、「エントラップメント型」は特殊な状況で起こるのではなく、加害者が見知った人であっても見知らぬ人であっても、日常生活における普通の会話から被害が始まっていました。その日常会話の中で、ある加害者たちは、当事者に対して自分の価値を高めて権威づけようとします。例えば、先述の出来事では、加害者は、当事者の出身大学が有名大学であることを確認したうえで

「僕はマスコミ関係だから、（知り合いに）その大学の子いっぱいいるよ。君の大学のサークルでも教えてるしね。（有名な）サークルとかで（教えてるんだ）、僕」とか言ってきて。（A1・三〇代）

と自分が彼女の大学で力があるように示していました。その結果、当事者は、相手を不愉快にさせたら自分がサークルで嫌な目にあうかもしれないという思いがよぎり、相手に強く出られなくなっていきました。

また別の加害者たちは、当事者を脅し貶める言葉を使って弱らせ、力関係の上下を作り出していました。例えば、未成年だった当事者は、加害者から車に乗るようにしつこく誘われ、根負けして車に乗ったところで「タダで送ってもらおうなんてムシが良すぎる（と加害者が当事者に言った）（三〇代、体験談記載）」と言われました。当事者は、その言葉に恐怖を覚え、相手を怒らせないように穏便に時間を過ごさなければ

ばと思うようになりました。

このように、当事者は会話を続ける中で、気づかぬうちに上下関係を作り出され、加害者に逆らうことができない状態に追い込まれていきます。そして加害者は、力関係の上下がはっきりし始めたところで、当事者を暗い所や車の中などの死角に連れこんだり、また追い込んだりし、物理的にも逃げ道をふさいでいっていました。

逃げ道を遮断したところで、日常会話の中に突然「彼氏いるの？」といったプライベートな領域の答えづらい問いや、「セックスさせろ」といった性的な要求を挟み込む場合も多く見られました。そして当事者が驚き、戸惑っているあいだに、性交を強要します。当事者は徐々に追い込まれていき、相手を怒らせないようにと明確に拒否ができなかったり、さらに、加害者から貶められて出来事の責任が自分にあるかのように思いこまされているため、自分の身に行われたことが性暴力であると認識しにくい様子も見られました。

特に、もともと顔見知りで、加害者が当事者よりも地位が高い場合、すでに力関係の上下があります。加害者は当事者の雇用や評価などの弱みを握っているので、当事者を追い込んでいくエントラップメントのプロセスが、見知らぬ加害者の場合よりも容易に完成します。時には、当事者が加害者を上司として信頼していたり、尊敬していたり、あるいはほのかに恋心を抱いている状態であったりすることもあり、この場合、加害者はその好意を利用する形で逃げ道をふさいでいました。もちろん、上司としての信頼も、ほのかな恋心も、性交の同意とは別のことであり、被害当事者は深く傷つきました。また、加害者が見知った人であり、会社などで、周囲も巻き込んでその関係がこれから先も続いていくことが分かっている場合、人間関係で波風を立てるべきではないという社会規範により、当事者は加害者に強く出ることはできません。例えば、二〇代の被害当事者は、新入社員として尊敬していた上司からレイプ未遂を受けた経験について次のように語っています。

（出張で、上司が飲酒した状態で、彼女と同室だった女性と共に部屋に押し掛けてきた）でも嫌、嫌だったんですけどその時点でその、自分はもう眠いし、寝る準備も整えているし。〔……〕上司とはいえ男性が入ってくるっていうことも、不快ですし〔……〕職場の先輩（女性）と上司（男性）ということもあって、ちょっと断れないなって。〔……〕普通に世間話みたいなことをしてるんですけど、そのうち何か様子がおかしくなってきて。その男がその女性にキスしたりとか。〔……〕で、その男の興味が何か私の方に移ったんですよ〔……〕本気でレイプしてくるだろうみたいなふうには、ちょっと信じられなかったんですよね。〔……〕服を脱ぐ、何かずらされて、脱がされて、胸とか性器を触られたあたりで、あ、これは本気なんだわ、こいつって。もうその時点で動けないですし、何か押さえつけられて、その時あたりでようやく、真剣に怖くなったのはそのタイミング。（A14・二〇代）

この場合、加害者が上司であるためにすでに力関係の上下がありました。そして、普通に会話をしている最中に他の女性と性行為を始める、つまり性的な話題を突然さしはさみ、当事者が戸惑っているところで行為に及んでいます。彼女は、そもそも加害者が部屋に入ってくることについては、上司であるため断れませんでした。そして加害者が彼女に抱きついてきたときに「その、本気で、何かね、変なことをするだろうと思ってなかったんですよね、うん。あの、信頼してる上司でもありましたから」と述べています。当事者は力関係の上下のある上司だからこそ部屋への侵入を断れず、信頼していたからこそ途中で抵抗できず、気が付いたときには逃げ道をふさがれていました。

このような場合、当事者は、同意はなかったけれど、自分が明確な拒否を示していないために性暴力であるという認識が生じにくくなります。しかし、この方はこの事件により深く悩むようになり、やがて不眠と抑うつ状態に陥り、精神科に通い始めたと語っていました。

また、上司や部下など社会的上下関係がなくとも、顔見知りである場合には、出来事以前の関係性ですでに上下関係が作り出され、被害当事者が断れない状況に追い込まれていました。

知人から呼び出され、仕方なく家に行き、望まない性交を強いられた当事者は、その出来事以前から、しつこく電話を受けたり、誘いを受けたりしていました。また、加害者はいつも指導するように話すために、当事者は自分が従わなくてはいけない気持ちにさせられていました。さらに、家族ぐるみの仲であったことや、もともとは悩みを相談していた相手であり、恩を感じてもいたため、強く拒否することができない状態でした。その出来事のときも、家に行くことを何度も断っていましたが、お茶を飲むだけだと食い下がられ、強く拒否できずに家に行くことになりました。その時の状況について、次のように語っています。

（これまでも）頻繁に電話があったから、それが、その、何て言うんだろう、またここで何かあれしてる（断っている）と、またしつこくかかってくるんじゃないかって。それを終わらせるには、行ってさっさとお茶でもしてきちゃったほうがいいんじゃないかとか、そういうふうに考えちゃったんで

すね。（A21・四〇代）

そして、家に行ったところ、突然押し倒されてレイプされました。

この出来事は、出来事自体は突然襲われるというものではありましたが、家に行くことを承諾せざるを得なくなるまでの状況において、恩があるというもともとの心情的な上下関係があり、さらに加害者が被害者をしつこい電話や、操作的な言動で追い詰めていき、断れない状況を作り出していくというエントラップメントのプロセスが見られました。

他にも、エントラップメントのプロセスは、ドメスティックバイオレンスの状況でも見られます。女性のパートナーから性的なドメスティックバイオレンスの被害にあった女性は、友人だった時に同意のない性交を強要されました。その後、加害者は彼女を仲間内でバカにし、孤立させていきました。加害者しかいない状況を作られていき、さらに同性同士であることで相談することも難しく、この方は追い込まれていきました。彼女は、加害者の行動について次のように語っています。

> 確実に自分のことを優先してくれるような人をピックアップして、で、会話の中でその人の弱みを握って、で、その人の人間関係を断っていって、で、狭い空間に押し入れる。で、ほんとに自分の好きなように、そうね、扱って。（A25・四〇代）

「エントラップメント型」は、これまで述べてきたように、加害者が見知った人であっても見知らぬ人であっても、力関係の上下を使って追い込まれていくというプロセスが共通しています。被害当事者は、徐々に追い込まれていくために明確に拒否がしにくく、性暴力であるという認識を持ちにくい場合があります。しかし、断るすべを絶たれて強要された「望まない性交」であり、深刻な精神的後遺症が見られる、重大な出来事です。

3　「同意のある性交」

ここまで、「同意のない性交」が発生するプロセスについて、インタビューから分かったことを述べてきました。では、逆に「同意のある性交」はどのようなプロセスで発生するのでしょうか。インタビューに協力くださった方々からは、「同意のある性交」について、性交以前に日常生活の中でパートナーとお互いを尊重しあう対等なコミュニケーションがある、ということが語られました。

例えば、三〇代の女性は、パートナーとの対等なコミュニケーションが同意性交につながることについて、次のように語っています。彼女は、望まない性交を強要された経験の後に、男性は皆女性を性的対象としてしか見ていないと男性不信になっていましたが、夫と出会って変わったということです。

何か今の旦那さんと出会ったときは、（中略）性行為とか、そういう性欲ではない部分で、こんなに尊敬してもらえるんだなってていうか、大事にしてくれるんだなってことで、うん、あの、気付いたというか、人間、同じ人間なんだなってていうことが、うん、分かった。すべての日常的な仕草で、（中略）

こう何ていうのかな、従わなきゃいけないとか、従わせなきゃいけないみたいな、主従関係っていうか、そういうことがないっていうか。嫌なときは嫌って言っていいっていうのが。日常的な、例えば、メニューを選ぶときとか、どこに行きたいっていうこととかも含めて（こちらの意向を聞いてくれる）。よく考えたら、（それが、性生活も含め）すべてのことに影響するんだろうなって思う。（Ａ７・三〇代）

前記の例では、女性を人として大切にする男性がいることに驚き、夫を信頼することで男性への不信感が克服されていきました。また、日常的に夫が彼女の意向を尋ねることで、パートナー間には上下関係がないことを理解するようになり、性交の際にも拒否を伝えることが可能になっていきました。この、パートナーが歩み寄って認識を変化させることは他のインタビューでも見られました。見知らぬ人からレイプ被害にあった三〇代の女性は、被害後、恐怖を感じるために性的な行為ができなくなっていました。しかし被害後に出会ったパートナーとの間であった出来事を以下のように語っています。

（パートナーと）性的関係を結べないことが、なんかちょっと嫌だったんです。だから、そういう彼女らしくない彼女なのが（性交しないパートナーはパートナーとしての役割を果たしていないように思えて）私は嫌だって言ったんですけど、［……］（相手は）私に嫌だなって思われる（性交を無理強いして私が相手を嫌うこと）のが嫌なのであって、それ（性交を無理強いしないこと）は僕の権利だみたいな話をされて、［……］どちらにも（性交を）拒否する権利はあるみたいな話じゃないですか。だから、そのとおりだなと思って（Ａ９・三〇代）

この方は、性行為に対する恐怖のためにパートナーとの性行為ができない自分を彼女らしくないと思っていました。しかしその彼女に対し、パートナーは、嫌だと思っていることはしなくてよい、拒否権はお互いにある、ということを伝えました。やはり、パートナーが歩み寄り、お互いに意思を伝えてそれを尊重しあう権利があるということを当事者に明言しています。こうした語りからは、真の同意のある性交は、日常生活の中で対等に尊重し合う関係が作られている場合に起こり得る、ということが考えられます。

4 「同意のない性交」と「同意のある性交」の違い

インタビューにご協力くださった方々の語りを分析した結果、「同意のない性交」が発生するプロセスとして、突然襲われる「奇襲型」、飲酒や薬物によって正常な判断ができない状態で発生する「飲酒・薬物使用を伴う型」、行為の意味が分からない子どもの頃から家庭内で発生する「性虐待型」、加害者が被害者を徐々に追い込んでいく「エントラップメント型」の四つのタイプが見られました。このうち、最も典型的な「同意のない性交」の発生プロセスは「エントラップメント型」だと考えられました。「エントラップメント型」を図3－1に示します。

日常的な関係性や会話の中で、加害者は、自分の権威を高めるような言動、当事者を貶めるような言動をし、上下関係を作り出します。当事者はその力関係の中で、加害者に逆らうことができない状態に追い込まれます。そして加害者は、当事者の逃げ道を物理的に遮断し、突然性的な要求を挟み込み、当事者の弱みに付け込む形で性交を強要します。加害者が当事者よりも社会的地位が高く、すでに上下関係が存在

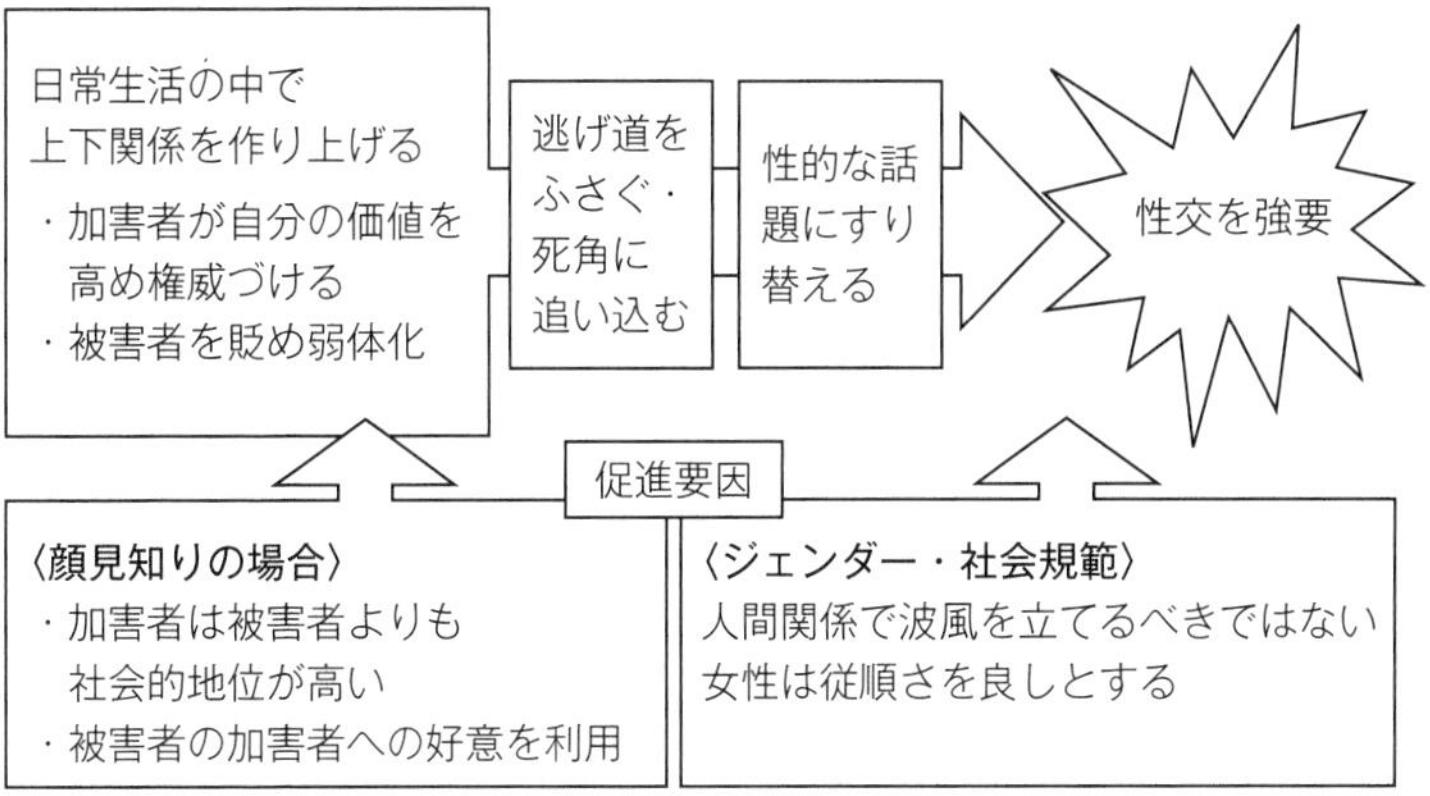

図3-1　エントラップメント型のプロセス

している場合には、エントラップメントは容易に進行していきます。この、もともと上下関係がある場合に明確に拒否の意思を伝えることがより難しくなる背景には、継続する人間関係では波風を立てるべきではないという社会規範や、今回の協力者の方々は女性でしたので、女性は従順さを良しとするというジェンダー規範が影響していることも想定されます。あるいは、被害者の障がいや何らかの社会的マイノリティ性を有している場合、加害者はそれを利用して上下関係を作り出すかもしれません。このようにエントラップメントは社会的な力関係を利用され追い込まれる形で起きていました。

一方、「同意のある性交」については、性交以前の対等な関係性が重要であることが示されました（図3－2）。被害当事者の視点から見た同意のある性交は、性交以前の日常生活の中で、パートナーが相手の意思を尊重しており、お互いがその関係性の中で対等であり、拒否を伝えてもその意思を尊重されると認識できている場合に成立していました。

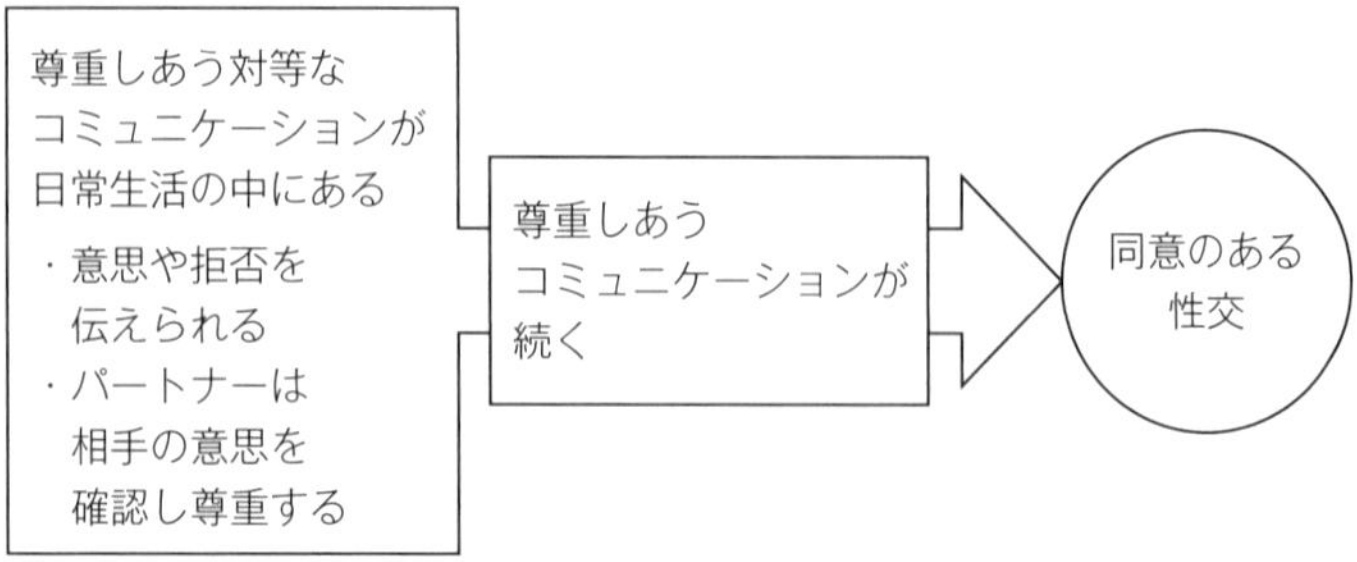

図 3-2　同意のある性交のプロセス

今回の調査に基づいて考えると、「同意のある性交」は、愛情のある関係性で行われる性交といった漠然としたものではなく、性交以外のそれまでのやり取りの中で、拒否を含めて意思を尊重される関係性が築かれた上で行われる性交です。これは、「同意のない性交」が、加害者が上下関係を作り上げ、断れない状況に被害当事者を追い込んで行われることとは対象的です。

つまり、「同意のある性交」「同意のない性交」は、性交のその時に同意があるかないかということももちろんですが、それ以前の関係性が重要であるということです。もともと意思を尊重し合う関係性であるか、あるいは被害者が拒否できない上下関係が存在している関係性であるか、「同意のない性交」を考えるときにはその点を検討する必要があると考えられます。

本章の始めに、第三者から見てその出来事が「同意のない性交」かどうか分からない、という意見が刑法改正の会議で出されたということに触れました。日本の性暴力被害では、当事者が抵抗をしていなかったり、不同意であることを明言していないことは多くあります。これまで、それは、生命の危機にさらされたときに身体が凍り付いて動かなくなる「フリーズ反応」などで説明されてきました。しかし本調査の結果からは、それに加えて、性交に至る以前の「関係性の持ち方」を基準に、真の同意が可能だったか否か、拒否を伝えられる関係であったか否かを判断することで、同意のない性交かどうかがより明確になると考えられます。

（齋藤 梓・大竹裕子）

【引用文献】

法務省（二〇一五）『性犯罪の罰則に関する検討会とりまとめ報告書』（http://www.moj.go.jp/content/001154850.pdf.）〔二〇二〇年二月二七日参照〕

第4章　地位・関係性を利用した性暴力――社会的抗拒不能

1　地位・関係性を利用した性暴力に関する議論

この章では、前章のエントラップメントのプロセスを、地位関係性のある場合に絞ってさらに深く検討します。

職場や学校などでは、上司や先輩といった社会的地位を背景として、性暴力が発生することがあります。こうした地位・関係性を利用した性暴力の多くは、二〇二〇年三月現在、日本では犯罪と見なされておらず、加害者は処罰されることがありません。二〇一四年、法務省の刑法性犯罪の改正に関する検討会が開催され、地位・関係性を利用した性暴力を処罰の対象とするかどうかについて議論が行われました。(注1)しかし、このときの議論では、地位・関係性を利用した性暴力を処罰の対象とすることは見送られました。

なぜ見送られることになったのでしょうか。議事録からその要因を分析すると、検討会の中で、ある意見が強く主張されたことが分かります。その意見とは、「地位・関係性を利用した性的行為を処罰の対象としたとき、明確な構成要件（犯罪の定義）を定めることができないのではないか」という懸念の意見です。

この意見で懸念されているのは、加害者が被害者と何らかの社会関係をもってさえいれば、それがただちに処罰の根拠となってしまうのではないか、ということです。しかし、地位・関係性を利用した性暴力の実際の事例の分析で見えてきたのは、性暴力は非常に特徴的な条件のもとで発生しているということなのです。

2　地位・関係性を利用した性暴力の実際

では、地位・関係性を利用した性暴力は、どのような形で発生し、どのような経過をたどるのでしょうか。ここでまず、地位・関係性を利用した性暴力の発生プロセスをまとめた図を見てみましょう。左のページの図４‐１が、それにあたります。

地位・関係性を利用した性暴力の発生プロセスは、大きく五つのフェイズに分けることができます。フェイズⅠは、性暴力被害が発生する前の加害者と被害者の関係を、フェイズⅡは、性暴力被害が発生する前段における、加害者から被害者への予兆的行動が見られる段階を示したものです。そして、フェイズⅢは、性暴力被害が発生した段階を、フェイズⅣは、性暴力被害が発生したあとの段階を示したものです。最後にフェイズⅤは、被害者が自らが受けた性暴力を明確に被害として認識した段階を示したものです。以下では、これらの各フェイズがどのようなものなのか、具体的に見ていきたいと思います。

1　フェイズⅠ　性暴力被害が発生する前の加害者と被害者の関係

フェイズⅠは、性暴力被害が発生する前の加害者と被害者の関係を示しています。そして、フェイズⅠの図からは、加害者が被害者に対して評価や指導を行う立場にあり、一方で被害者は加害者のことを尊敬・

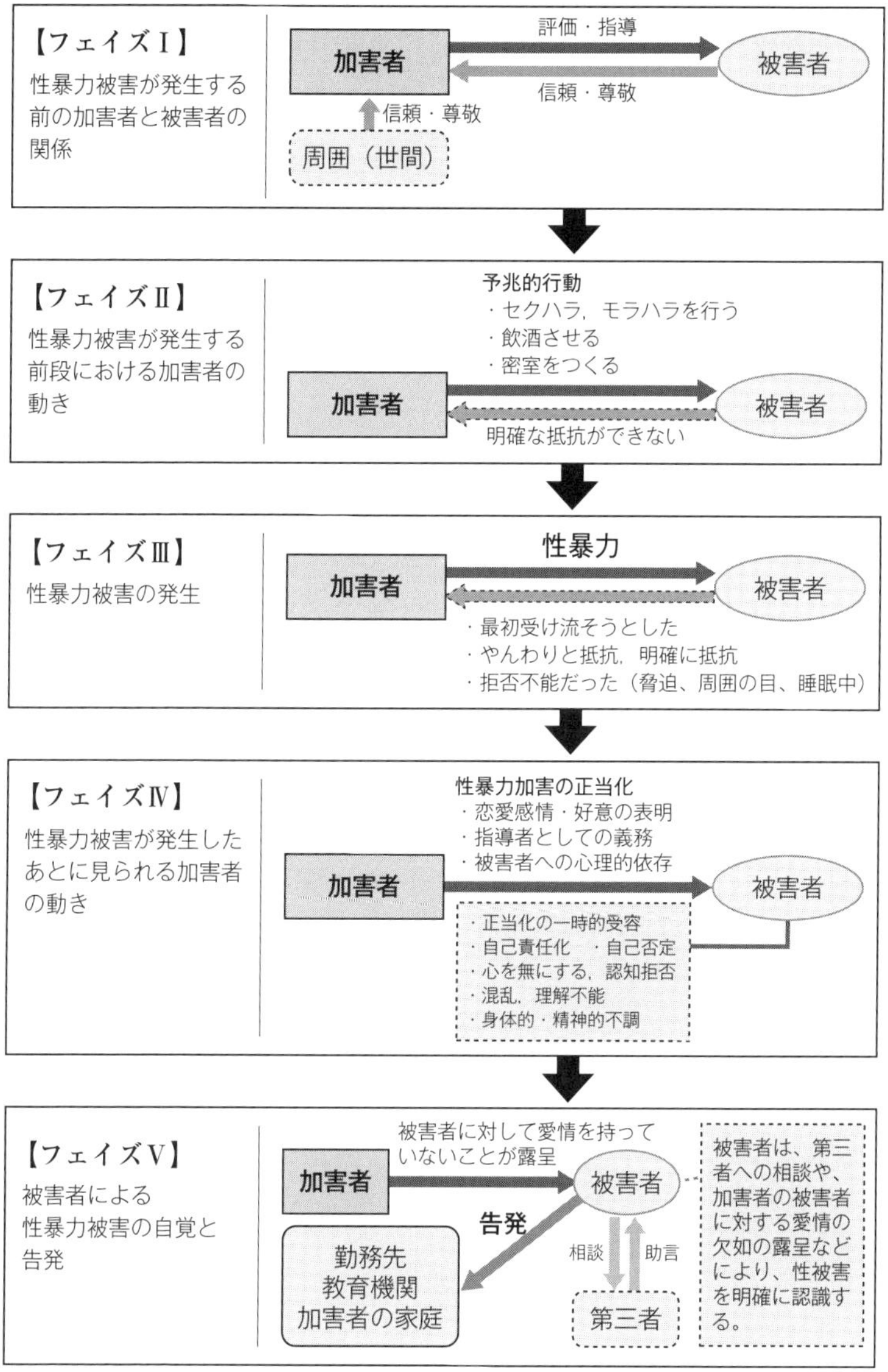
【フェイズⅠ】
性暴力被害が発生する前の加害者と被害者の関係
加害者
評価・指導
被害者
信頼・尊敬
信頼・尊敬
周囲（世間）
【フェイズⅡ】
性暴力被害が発生する前段における加害者の動き
予兆的行動
・セクハラ，モラハラを行う
・飲酒させる
・密室をつくる
加害者
被害者
明確な抵抗ができない
【フェイズⅢ】
性暴力被害の発生
性暴力
加害者
被害者
・最初受け流そうとした
・やんわりと抵抗，明確に抵抗
・拒否不能だった（脅迫、周囲の目、睡眠中）
【フェイズⅣ】
性暴力被害が発生したあとに見られる加害者の動き
性暴力加害の正当化
・恋愛感情・好意の表明
・指導者としての義務
・被害者への心理的依存
加害者
被害者
・正当化の一時的受容
・自己責任化　・自己否定
・心を無にする，認知拒否
・混乱，理解不能
・身体的・精神的不調
【フェイズⅤ】
被害者による性暴力被害の自覚と告発
被害者に対して愛情を持っていないことが露呈
加害者
被害者
告発
勤務先
教育機関
加害者の家庭
相談
助言
第三者
被害者は、第三者への相談や、加害者の被害者に対する愛情の欠如の露呈などにより、性被害を明確に認識する。

図 4-1　地位・関係性を利用した性暴力被害の発生プロセス

表4-1　地位・関係性を利用した性暴力を受けた調査協力者

被害者から見た加害者の地位	調査協力者ID
職場の上司	A14, A16, A19, A29
職場の先輩	A26
大学のサークルの先輩	A10, A22
小学校のときの教師	A5
大学・大学院の教員	A11, A30

信頼していることが分かります。また、加害者に特徴的なこととして、加害者は周囲からも信頼や尊敬を得ていることが分かります。

表4-1は、今回の調査で地位・関係性を利用した性暴力を受けた調査協力者を示したものです。

地位・関係性を利用した性暴力を受けたのは調査協力者のうち計一〇名ですが、性暴力被害が発生する前の加害者との関係については、基本的には信頼や尊敬があったということを述べています。

例えば、加害者が職場の上司である場合では、「職場の中で一番信頼してるかなっていうような人」（A14・二〇代）、「人としてはすごく尊敬してたし大好きな上司だった」（A16・四〇代）、「唯一の理解者くらいの相手だった」（A29・三〇代）と語られています。また、大学のサークルの先輩である場合では、「いろいろと相談されたり相談する相手だったので信頼があった」（A22・二〇代）と語られています。

被害者は、仕事や大学のサークル活動などを通して加害者との関係を築いていくわけですが、加害者は被害者に対して、多くの場合、評価や指導、助言などを行う立場にあります。つまり、加害者と被害者との間には明確な上下関係・権力関係があるのです。

このように、加害者は被害者に対して優位な立場にいるわけですが、この加害者の立場の優位性は、加害者に対する周囲からの肯定的評価によって一層強固なものとなります。

加害者が職場の上司である場合には、「七年間ずっと立ち上げメンバーでやってきたってのもあって、会社の人たちに信頼されている」（Ａ19・三〇代）という語りが見られ、職場の先輩である場合には、「若手のホープみたいな感じの人でした。……（中略）……まあ、『あいつはいいやつだ』みたいなのも聞くような人」（Ａ26・三〇代）という語りが見られました。

また、加害者が大学のサークルの先輩である場合には、「彼だけ大学院生だったので、ちょっと何かこう頼れる先輩みたいな感じで、非常に何か弁も立つ感じなので、何か分かんないこととか困ったことがあれば相談して、その人は意見を聞いてみたいなポジションにいたので、やっぱ信頼されて、何か尊敬されてるような人だった」（Ａ10・三〇代）という語りが見られ、大学院の教員である場合には、「加害者って、あの、日頃すごくよくできた、道徳的な人で、えーと、周囲からも非常に尊敬をされていた先生で。みんなの相談役、何か教授の相談役の教授みたいなのだった」（Ａ30・三〇代）という語りが見られました。

加害者は、まさにこのような周囲からの評価を隠れ蓑にして、性暴力加害に及ぶといえるでしょう。

２フェイズⅡ　性暴力被害が発生する前段における加害者の動き

フェイズⅡは、性暴力被害が発生する前段における加害者の動きを示しています。地位・関係性を利用した性暴力において、加害者は被害者に対して優位な立場にあるからといって、ただちに性暴力加害に及ぶわけではありません。加害者はその立場を利用して、被害者に対して性暴力加害の予兆となるような行動をとるのです。ここではそのような行動を「予兆的行動」とよびます。そして、この予兆的行動として、今回の調査では大きく三種類の行動が見られました。それは、「セクハラ、モラハラを行う」「飲酒させる」「密室をつくる」の三つです。それぞれがどのようなものか見ていきましょう。

まず、「セクハラ、モラハラを行う」ですが、加害者は被害者に対してセクシュアルハラスメントやモラルハラスメントなどのハラスメント行為を日常的に繰り返し行い、場合によってはそれが常態化している事例も見られました。

小学生のころに教師から被害を受けた女性は、教師から「体育の授業中とか、ブルマーの食い込みに、黒ずんでるから軟膏を塗らなければいけない」（A5・三〇代）ということを日常的に繰り返し言われていたと言います。そして、教師はその後、この女性に対して授業中の教室で性暴力に及びました。

職場の上司から性暴力を受けた当事者は、指導のための上司との会話中に、繰り返し性的な話を振られたと言います。「なんか指導のためには冗談が必要だみたいなので性的ななんか話題みたいなのを振ってきて、それの対処の仕方も分からなくて、なんか困るみたいな」（A19・三〇代）。

大学時代にサークルの先輩にあたる男性とつきあっていた当事者は、その男性に別の恋人がいることが発覚した途端、男性からモラハラを受けるようになったといいます。「私を否定してくるというか、怒鳴るとか、物を投げてくるとか、私の、こう体型についてすごく否定してくる」（A10・三〇代）。

次に「飲酒させる」「密室をつくる」ですが、「飲酒させる」は、加害者が被害者とともに飲酒する機会を設け、その飲酒に乗じて性暴力加害に及ぶ場合を指します。そして、「密室をつくる」は、加害者が被害者と二人きりになる状況をつくり出す場合を指します。セクハラやモラハラは日常的・継続的に為される予兆的行動ですが、「飲酒させる」「密室をつくる」は性暴力加害の直前に見られることが多く、またこの二つは密接に関連しています。

例えば、職場の上司からの性暴力被害のうちA14の当事者は、出張中の宿泊先の個室で、先輩の女性社員と男性上司との三人で酒を飲んでいたところ、酔った男性上司が彼女に襲いかかったといいます。個室という密室での飲酒が性暴力被害につながった事例は、ほかにもいくつか見られました。

性暴力加害は突発的に生じるわけではないのです。加害者は被害者に対し予兆的行動をとるのであり、その延長線上に性暴力加害が発生すると考えることができます。

３ フェイズⅢ　性暴力被害の発生

フェイズⅢは、性暴力被害が実際に発生する段階を示しています。このフェイズⅢで注目すべきは、地位・関係性を利用した性暴力においては、被害者は明確な抵抗を行うことが難しいという点です。地位・関係性を利用した性暴力において、加害者は被害者に対して優位な立場に立っているということを先ほど説明しましたが、それゆえに被害者は加害者に対して明確な抵抗を行うことが困難になるのです。この点について、事例を参照してみましょう。

地位・関係性を利用した性暴力に対する被害者の反応として特に見られたのは、「受け流そうとした」「明確に抵抗できなかった」というものです。職場の上司や大学のサークルの先輩が性暴力加害に及んだとしても、それを明確に拒否することなく、加害者の行為を受け流そうとする例がいくつかの事例で見られました。

先ほども紹介したA14の出来事では、密室的な状況下で飲酒をしている状況で上司が被害者に襲いかかったのですが、そのとき彼女は当初上司の行動を受け流そうとしました。この被害当事者はこのときの状況について、次のように語っています。

その男がゆらって立ち上がって、何か「○○さんは?」みたいな感じのことを言いながら、こっちに来るんですよ。「え?」と思って、で、ギュッてハグをされて。……（中略）……本気で何かね、変なことをするだろうと思ってなかったんですよね、うん。あの、信頼してる上司でもありましたから。で、「まあまあ、まあまあ」みたいな感じで、「まあまあ、落ちつけよ」みたいな感じで、あの、流そうとしたんですよ。でもその、あの、私のその、はっきり否定しない態度、そんな笑顔で交わすみたいな態度を、その、どっかで「いける」と思ったのか。で、キスをしてきて、で、ベッドにばって倒されたんですよ。（A14・二〇代）

この語りの中で重要なのは、信頼している上司であったから受け流そうとしたという箇所でしょう。彼女は上司を信頼していたからこそ、上司の行為を本気のこととは思わず、当初は受け流そうとしたわけです。しかし、上司はその信頼に乗じて性暴力に及びました。

また、同じく職場の上司による性暴力を継続的に受けた当事者は、密室状況での上司からの性的行為に対して、「普通に断れないっていうか。まあ、だからよくありがちですけど、その場を穏便に済ませようとしたということなんだと思います。……（中略）……一〇年以上たって思うのは、やっぱ怖かったんじゃないかなと思うんですけど。……（中略）……やっぱり唯一の理解者ぐらいの相手だったので……（中略）

……やってきた人たちのアドバイスがすべてというか」（A29・三〇代）と語っており、A14の場合と同様に被害者の信頼・尊敬に乗じて加害者が性暴力に及んだことを語っています。

A19の出来事では、フェイズⅡで取り上げた加害者の予兆的行動の延長線上に性暴力被害が発生しているのですが、そこでは職場における上司－部下という関係性が、加害者の予兆的行動をエスカレートさせ、性暴力被害を生じさせたということが明確に語られています。

エレベーターの中で、すごいなんかトントンってして振り向いたらなんかこういうゲームあるじゃないですか。……（中略）……（それが）気持ち悪いみたいなのを「ええ、何ですか、それ」みたいなのを言ってもなんか伝わらないし冗談だと思われてるし。で、またなんか拒否の仕方次第で業務関係がまずくなってもっていうのも、上司だし。……（中略）……なんか個人面談みたいなのがあるんですけど、そういう時間に会議室でなんか触られたりとか、一番きつかったのが車に閉じ込められて口淫しないといけなくて。（A19・三〇代）

地位・関係性を利用した性暴力において、上司や先輩による性暴力加害が発生する背景には、単純な「地位・関係性」だけが存在しているのではありません。周囲からの高い評価や部下からの信頼・尊敬などを総動員して、加害者は性暴力に及ぶのです。

このとき被害者は、それらの複合的要因により抗拒不能な状況（暴力行為から逃れるために抵抗を行うことができない状況）に置かれることになります。地位・関係性を利用した性暴力において被害者が置かれる抵抗不能な状況のことを、私たちは「社会的抗拒不能」と名付けました。

4 フェイズⅣ　性暴力被害が発生したあとにおける加害者の動き

フェイズⅣは、性暴力被害が発生したあとにおける加害者の動きを示しています。そして、この段階において、加害者は自らの性暴力加害を正当化する行動に及びます。この正当化のパターンとして、今回の調査では「恋愛感情・好意の表明」「指導者としての義務」「被害者への心理的依存」という三つのパターンが見られました。

まず「恋愛感情・好意の表明」ですが、これは性暴力が発生したのちに加害者が被害者に対し恋愛感情や好意を表明することで、加害者が行った性的行為は恋愛感情や好意にもとづくものだったと被害者に納得させようとするものです。職場の上司によるものとしては、性暴力加害後に「『大好きなんだよ、君のこと』って言われたんですね」（A14）、「ずっと好きだったんだとか、そういうふうなことを言われてしまって」（A16）、「好きだとか付き合ってほしいだとかみたいな感じで言われた」（A29）というケースが見られ、大学院の教員によるものとしては、「向こうは何か、『セックスするから愛するようになるんだ』って言う」（A30）というケースが見られました。

次に「指導者としての義務」ですが、これは自らが行った性暴力について、加害者が指導者としての義務として行ったという形で正当化するものです。これは大学院の教員が加害者だったケースに見られました。「あなたには、このような性交によって、体の関係によって、心の傷が癒やされる必要があるとかっていうふうに、こう、すごい説得をしてきて」（A30・三〇代）。

最後に「被害者への心理的依存」ですが、これは自らが行った性暴力について、加害者が被害者への依存傾向を理由に正当化を図るものです。「（加害者が）『自分の何か寂しい気持ちは何かおまえのせいだから、その自分の何か慰める義務がある』と言うようになった」（Ａ10・三〇代）。

以上のような加害者による性暴力の正当化は、被害者にどのような影響を及ぼすのでしょうか。加害者による「恋愛感情・好意の表明」を一時的に受容する場合もありますが、多くの被害者に見られるのは「自己責任化」「自己否定」「心身の不調」といった非常にネガティブな影響です。

「恋愛感情・好意の表明」の一時的受容の例：「ほかと違う、この人にとって特別な存在になれてるんだったら、何かそれはうれしいことかなとかって思ってしまって、何かその時に。何か疑似恋愛っぽいような気持ちになりましたね」（Ａ14・二〇代）

「自己責任化」の例：性暴力被害について、「何か私に悪いところがあったのかなとか、やっぱ警戒心足りなかったのかなとか」（Ａ22・二〇代）、「なんかもう自分の中で、うーん、自分が悪かったってことで収めてた気がします」（Ａ26・三〇代）

「自己否定」の例：性暴力被害後に、「性的に見られる存在だっていうふうに、自分をおとしめるみたいな感じは、そういう存在でしか存在できないみたいな、っていうふうに、自己肯定感がすごい下がったと思います」（Ａ５・三〇代）、「なんか閉じ込められた気がして、なんか一緒に罪人になったような気がして」（Ａ19・三〇代）

「心身の不調」の例：性暴力被害後に、「やっぱり体調悪くて何日か学校行けなかったりとかすると

きが続いたりとか、また、寝れなくなったりとかしてましたね、結構」（A22・二〇代）

5 フェイズⅤ　被害者による性暴力被害の自覚と告発

フェイズⅤは、被害者による性暴力被害の自覚と告発の段階を示しています。フェイズⅣで示した加害者による正当化は、あくまでも正当化でしかないため、最終的には加害者側の理屈は破綻します。加害者が「恋愛感情・好意の表明」を行っていた場合には、その恋愛感情や好意が偽りであったことが判明することで、正当化が破綻することになります。そして、被害者は告発へと歩みを進めるのです。

この段階においては、友人や支援団体のメンバーといった第三者が重要な役割を果たします。というのも、加害者が性暴力の正当化を図っているときには、被害者は自分だけでは「自分が性暴力被害を受けた」ということを明確に自覚できない場合が多々あるからです。そのため、目上の人間から継続的な性暴力を長期間にわたって受けていながらも、それを性暴力被害として認識できない状況が生まれがちなのです。このようなときに、友人や支援団体のメンバーといった第三者は、被害者に対して性暴力被害の自覚を促す役割を負い、それによって被害者が被害を自覚し、受け入れていくプロセスが始まるのです。

例えば、A30は大学院の教員から継続的に性暴力を受けていましたが、長らく自分が性暴力を受けていたことの自覚がありませんでした。しかし、海外の留学先で出会った友人たちから自分の経験が性暴力であることを指摘され、被害を自覚していきました。「私、出会った友人に、この話を、自分の経験の話をしたら、誰もが、『それはレイプよ』って言ってくれて。で、私は、そのとき、まだ自分の責任だっていう気持ちがあったけど、もう、それを言う人は一人もいな、いなかったのね。それどころか、『あなたは警察に今からでも、通報するべきなのよ。あのー、他の被害者を増やさないためにね』って、こう言われて。『あ、そういうようなことだったのか』と、あらためて思い始めて」（A30・三〇代）。また、A26は性暴力被害に関する支援団体に相談することで、被害を自覚するに至ったといいます。「まず団体の方に連絡直接取って、で、会うようになってっていうのをやるようになったら、すごい安心できるようになって。……（中略）……被害だなって思うようになったときですか。……ああ、そこの、その代表の方に会って話してからですかね」（A26・三〇代）。

こうして性暴力被害の自覚を得たのちに、被害者は性暴力被害の告発に踏み出すのですが、このときの告発先は、勤務している企業、通学している大学、加害者の家族などさまざまです。そして、被害者はこの告発にもとづき適切に加害者が処分されることを望むのですが、現状では、組織が加害者をかばうような状況が見られる例もあり、すべてについて適切な処分が行われているとは言えません。フェイズⅠで見たように、加害者は企業や大学などにおいて周囲から高い評価を受けていることが多いのですが、そのことが、被害者による被害の告発を妨害することがあるのです。すべての組織において、地位に関係なく、性暴力の加害者を適切に処分できる体制づくりが急がれます。

3　まとめにかえて

地位・関係性を利用した性暴力は、単に立場の優位性を利用しただけの性暴力なのではありません。これまで見てきたように、加害者に対する周囲からの評価や予兆的行動、性暴力加害の正当化などをともなう構造化された暴力なのです。したがって、地位・関係性を利用した性暴力を理解するにあたっては、加害者の組織内部での地位だけに着目しても有効ではありません。地位も大切ですが、それとともに性暴力被害がどのようなプロセスを経て発生したのかということを、性暴力発生前の予兆的行動や、発生後の加害者による正当化などを捉えつつ分析していくことが必要なのです。こうした分析は、加害者が行った性暴力を正確に評価するためにも重要ですが、それだけではなく、職場や教育機関などにおける地位・関係性を利用した性暴力を予防するうえでも重要です。

（金田智之）

〔注〕

1　詳しくは、法務省の「性犯罪の罰則に関する検討会」が平成二七年八月六日に発表した「刑法改正に関する取りまとめ報告書（法務省）」を参照。

第5章　対等な関係での罠――モノ化されることの傷つき

1　対等な関係でも性暴力は発生している

第4章では、加害者が被害者よりも社会的地位が高かった場合に、地位・関係性を利用して性暴力が行われる様子が描かれました。では、加害者と被害者が、一見すると対等な関係であった場合には、どうでしょうか。

「一見すると対等な関係」とは、ここでは、友人や知人、恋人、元恋人など、社会的な上下関係がない関係を指すこととします。一見すると、と書いた理由は、友人関係や恋人関係であっても、力関係が発生している場合があるためです。例えば、中学生や高校生にとって、友人同士であっても、例えば片方がクラスの中で発信力のある人物であり、片方がそうではない人物だった場合、発信力のある人物の方が力関係が上かもしれません。恋人同士であっても、片方の人が片方の人を「ブタ」「本当にバカだ」などと貶《けな》し、力関係の上下が作られているかもしれません。デートDVは、対等ではない交際関係です。しかし、このような力関係は、第4章で示したような、雇用上の上司・部下、あるいは職場やサークルの先輩と後輩など、第三者から見て明らかな力関係が存在する関係ではありません。したがって「一見すると対等な関係」

と、この章では表記します。

今回の調査で、インタビューに協力くださった方の事例のうち、加害者が同年代の友人あるいは知人、恋人、元恋人であった事例は、一一例でした。そのうち、恋人／元恋人が四例、友人／知人が七例でした。つまり、一見すると対等な関係においても、「望まない性交」は発生しているということになります。本章では、一見すると対等な関係における「望まない性交」はどのように発生しているのかを検討します。

2 「一見すると対等な関係」での望まない性交の発生

一一例のインタビューを分析した結果を、図5‐1にまとめました。まず、図5‐1を簡単に説明します。

被害当事者から見た加害者との関係は、「友人だった」「関係を切れずにいた」「自分を下にする言動をされていた」といった、友人として対等であると思っていた関係から、関係を切りたいと考えていたけれどもなかなか切ることができずにいた関係、言動によって上下関係を作り出されていた関係までさまざまでした。

そうした関係を前提として、性暴力が発生していました。被害当事者は、事前に性的な誘いを繰り返し受けており、断り切れない状況に追いやられていたという場合もあれば、友人として普通に遊びの誘いを受けた状況や、一緒に飲酒をしている状況で、突然望まない性交を強いられるという場合もありました。

被害当事者にとってその望まない性交の体験は、「モノのように扱われた」「物理的／言語的に抵抗したが相手はやめなかった」という、意思を無視される体験であり、当事者達は深い傷つきを負っていました。

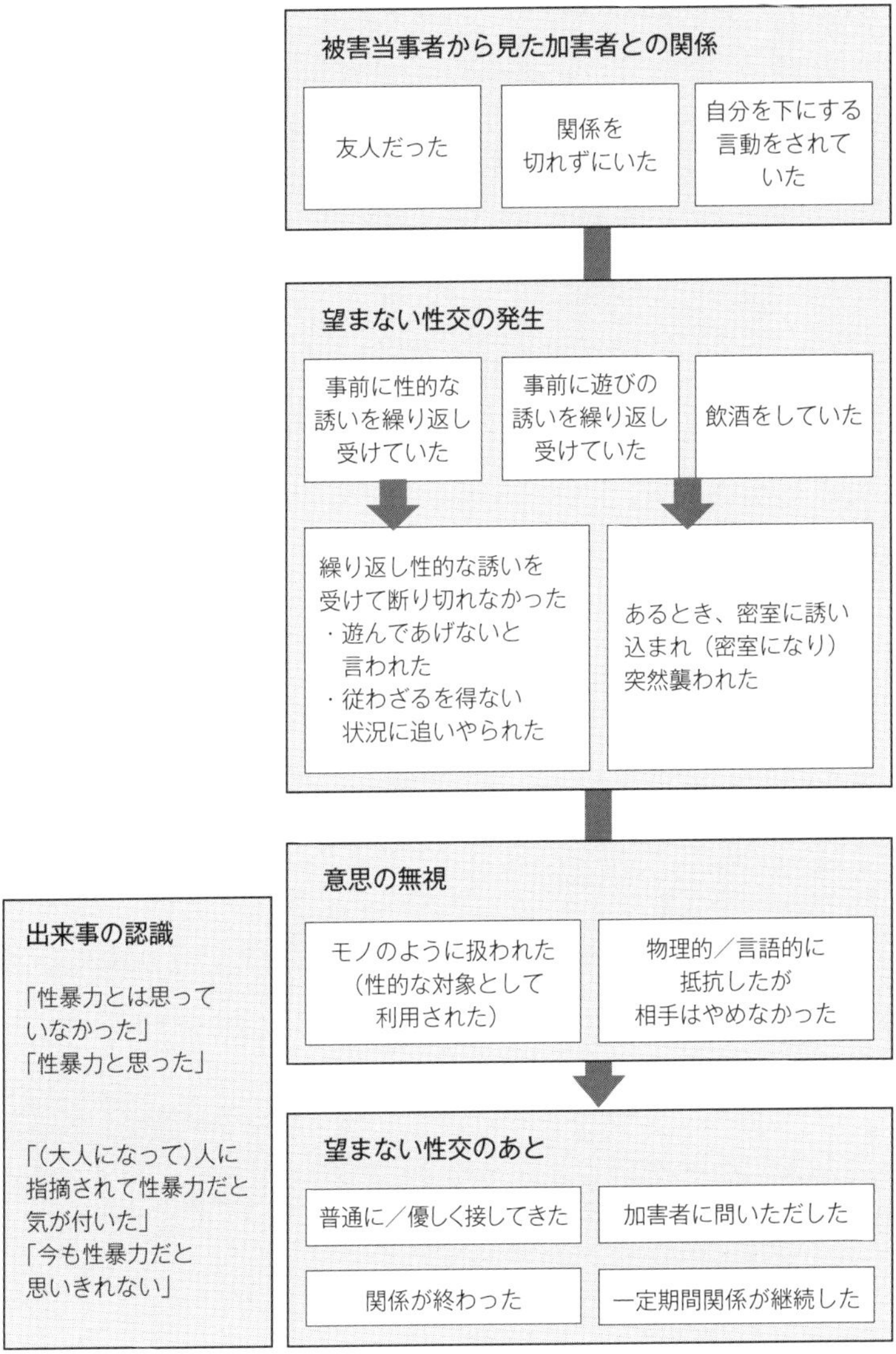

図 5-1　対等な関係における性暴力被害の発生プロセス

その後、加害者が普通に接して来たり、被害当事者から加害者に、なぜこのようなことをしたのかと問いただしたりとさまざまな過程を経て、多くは、以前のような関係が終わっていました。

被害当事者は、自分の身に起きた出来事について、そのときは「性暴力とは思っていなかった」場合が多くあり、その後、大人になって人に指摘されて性暴力だと気が付いた場合もあれば、今でも望まない性交ではあっても、性暴力とは思いきれないという場合もありました。

次節から、それぞれを詳細に見ていきます。

3　被害当事者から見た加害者との関係、および望まない性交の発生

被害当事者から見た加害者との関係は、友人であったり、友人であるがゆえに好意を抱いている場合もありました。しかし、好意と性的な同意は別のものであり、事前に性的な誘いを繰り返し受けていても、被害者は断っていました。

例えば、中学生の時に同級生から望まない性交を強いられた当事者は、次のように語っています。

　中学生のときに、あの、多分その、私の好意を向こうが分かっていて、結構その、やっぱり思春期なので、あの、ちょっとその、エッチな話をしてきたりとか、私もそんなに、あの、抵抗がなかったので返したりとかしていたんですけど、それで、あの、結構その、日常的に「セックスさせろ」とかそういうことを言うような子で、それで、あの、私も、まあ、いつも冗談なので、うん、あの、冗談っ

ぽく、その、こっちも「嫌だよ」とか「それはできない」とかいろいろ言ってたんですけど（A13・三〇代）

この方は、前記で語られているように、仲の良い友人であった加害者からの性的な誘いを断っていましたが、ある日、いつも以上にしつこく迫られました。何度断ってもやめず、クラスの中で大声で誘ってくるなどして、段々と怖くなってきたため、〝胸を触らせてくれたら、もうセックスさせろって言わない〟という加害者の提案に応じました。すると今度は、〝そちらが迫ってきて胸を触らせたように他の人に言う〟と脅されて、逃げられなくなり、やむなく性交に応じました。そのときの状況について、次のように語っています。

その、彼の影響力、「みんなへの影響力は分かってるでしょ」って。で、その今、あの、自分、「俺の言い方によっては」、その、「お前が触らせたことにもできるんだからな」って言われて、「そう言われたくなかったらセックスさせろ」って言われたんですね。それで、なんかもう、そう言われたらもう従うしかなくて、もうなんか。（中略）逆らえないんだって思ったんですね。あの、すごい強い力を持ってる人っていうふうに思えてきて。（A13・三〇代）

第３章で述べたエントラップメントのプロセス、会話の中で上下関係を作り、逃げ道をふさいで追い込んでいくというプロセスが、ここでも使われています。

また、パートナーからドメスティックバイオレンスを受け、常に自分を下に扱う言動をされていた女性は、パートナーから望まない性交を強いられる過程の一場面を次のように語っています。理不尽なことで攻め立てられた後に強要されたという場面です。

三時、四時まで説教があって、（中略）やっぱりお風呂に入れって言われて、（このあと性交を強要されると思うと）怖くて出てこれないんだけど、出てこいって言われて上がると、そこから性行為が始まるんですよ。同意を取るとかそういうことはなくて、私はそれを（説教のあとの性交の強要を）織り込み済みでお風呂に入ってるから、怖くてしょうがないし、お風呂を上がる時間も遅いとか何か文句言われるので、それで出て、性行為が始まって、終わって、もうくたくたになって、私はもう泣きながら寝て。（Ａ１・三〇代）

この場合にも、パートナーという一見すると対等な関係でありながら、常に自分を下にする言動をされ上下関係が作り上げられており、性暴力を回避できない状況を作り上げられています。

こうしたプロセス以外にも、友人や元恋人という関係性で、あるとき密室に誘い込まれて突然襲われるという発生プロセスも見られました。よく一緒に遊んでいた友人である加害者から車で家まで送るといわれ、何の疑いもなく車に乗った当事者は、加害者から、途中で一度家によらせてほしいと言われて承諾し、被害にあいました。この方はそのときのことについて、次のように語っています。

あの、「家寄っていっていい？」って（相手が）言ったときに、私が「いいよ」って言ったときに、もうそういうふう（襲おうと）に思ってたんじゃないかなと思う。だけど、私は全く何もそういうふうに思っていなかった。（Ａ20・五〇代）

女性は、突然襲ってきた加害者に驚き、抵抗しましたが、無理やり性交を強要されました。

男の子と一緒にいるっていうことは違和感なく仲間だったんですね。何でそんな性被害にあっちゃうんだろう。何でいきなり女として被害にあったんだろうっていうのが自分が悪いこと、自分が悪かったのかなと思った。（Ａ20・五〇代）

自分は仲間であると思っていた相手から突然襲われるという経験に、この方は深く傷つきました。しかしその後、友人たちが加害者に怒りを表明したため、自責感が和らいだということでした。

他にも、サークルの飲み会で酔い、別室に寝かされていた時に、同じサークルに所属していた人から突然襲われたという被害当事者もいました。この加害者は、以前からこの被害当事者に性的な誘いを繰り返し行っており、彼女は、関係を切りたかったけれど、同じサークルであるために切れずにいたということでした。

このように、一見すると対等な関係とはいっても、友人関係や、関係を切りたかったけれど諸事情から切れなかったという関係、日ごろから自分を下に扱う言動をされて上下関係を作り上げられていた関係など、さまざまな関係がありました。被害者は、友人であるために警戒していなかった、同じサークルの中なので飲酒を断りにくかった、上下関係を作り上げられて従わざるを得なかった、など語っており、加害者が関係性を利用していた様子がうかがえました。

友人としての信頼を利用して密室に誘い込まれ突然襲われた場合もありましたが、特に事前に性的な誘いを繰り返し受けていた事例において、加害者が被害当事者を追い込み断れない状況を作り上げていくというエントラップメントのプロセスが見られました。

4　被害者の出来事の認識

これまで述べてきたように、望まない性交の発生プロセスは、断り切れない状況に追い込まれていく場合と、突然襲われる場合とが見られました。では、被害を受けた当事者は、その出来事についてどのように認識したのでしょうか。

もともと、性暴力に対して知識があった被害当事者の中には、自分の身に起きた出来事を性暴力であるとすぐに認識した人もいましたが、インタビューに回答した人の多くは、友人あるいは知人や恋人、元恋人であったために、そして自分が明確に拒否していないために、その出来事を性暴力とは思っていなかった、と述べていました。

同じサークルの元恋人から、飲酒後、記憶のないときに望まない性交を強要された被害当事者は、出来事の直後、そのことについてどのように考えていたか、次のように語っています。

何か多分、今思えば、その、自分がひどい目（意識のないときの性交の強要）に、そういう何だ、望んでないことになったってこと認めたくなかったから、何かちょっと、うーん、（親友に語って）笑い話にしようとしたんだろうなっていう感じはする。（中略）本当はそのときの取る態度によっては、もうすごい事を荒立てることもできたはずだし、……でも何かそうする……方向に持ってきたくなかったんだろうと思う。（Ａ７・三〇代）

この方は、直後、同じサークル内のことでもあるため、また、お酒を飲んだ自分にも非があると思っていたため、それほど大したことではないと思いこもうとしていました。しかしその後、死にたい気持ちになり、付き合っていた恋人とも別れることになり、男性不信の状態になりました。

また、前述した、中学生の同級生に脅されて性交を強要された女性は、その出来事が被害であると、人から指摘されて気が付いたときについて、次のように語っています。

私、その二〇歳、二一歳ぐらいのときに主人と出会って、友達だったときに、やっぱ主人にも、あの、（中学生の時の）話をしてるんですね、当時。そのときに主人が「それってレイプじゃない？」って言ったんですね。それで、ああ、これってレイプって言うんだって自分の中で思って。それまではよく分からない嫌なことをされたっていう感覚、感じだったんですけど、それで主人の言葉で、ああ、これはやっぱり事件じゃないですけど、あの、犯罪なんだっていう感覚が、うん、芽生えました。（Ａ13・三〇代）

このように、被害当事者たちは、自分の身に起きた出来事を性暴力とは思っていなかったことが多く、人に指摘されてはじめて、性暴力であったと認識していました。一方、今も性暴力だと思いきれないという意見も見られました。

小学生の時に、同級生から繰り返し性行為を強要されていた当事者は、次のように語っています。

被害。被害って言葉は今でも被害なのか暴力なのかっていうのは、よく分からないんですけど。（中略）まあでも傷つけられたっていうことは最近、なんか、ああ傷ついてたんだなっていうことは、その、たぶんその、性行為自体っていうよりも（相手からかけられた）言葉だったりとか、（性的な）道具にされてるってことを、こう言葉も、そんときもどこまで自覚してたのか分かんないけど、あ、その言葉で傷ついたんだなとか、その、行動っていうか、で傷ついたんだなっていうのは振り返ると、それが今認識できてるっていう感じですかね。（A15・三〇代）

この方は、その出来事で傷ついたことは事実だが、同級生であり、力の差がない関係性であったために、被害と言い切ってよいのかは今でも迷っていると語っていました。

5　被害者の負う傷つき

前述のように、当事者たちは、出来事の直後はその出来事を被害だと認識していない場合や、今でも認識していない場合がありました。しかし、いずれの人々も、出来事により深い傷つきを負っていました。その傷つきは、「望まない性交」の経験の最中に、加害者から意思を無視されたことで生じていました。

前述の、小学生の時に同級生から繰り返し性行為を強要されていた女性は、傷つきについて次のように語っています。

テレビゲームをしてる間、そのずっと（陰茎を）なめさせ続けられたっていうのが、すごい完全に道具だなって思った。（中略）向こうはテレビゲームをしている間に（口腔に挿入を）しろって言われて、何の意味があるのかさっぱり分からないまま完全に道具だなって思ったっていうのは、なんか自分の中で、そこのその場面はなんか何となくすごく、なんかショックだったっていうか。（中略）傷ついたなっていうの、振り返って、その当時も、えって思ったことは覚えてるんですけど、でも振り返って思い出すと、ああショックだったなって。（A15・三〇代）

また、中学生の同級生から脅されて性交を強要された女性は、次のように語っています。

机の蛍光灯か何かだと思うんですけど、それを、あの、付けて、あの、性器を見られるんですよ。こう、ちゃんと見たことが、まあ、多分ＡＶみたいなのではモザイク掛かってますよね。だから、「ちゃんと見たことがないから見る」って言って、それがすごくショックで、私そのときに。なんか恥ずかしさとかいうよりも、なんか本当にモノだと思われてるんだなっていう気持ちになって、（中略）今言葉にすれば、こうなんか、心が粉砕したような感じ。もうなんか、感情も何もなくて壊れてしまった感じで、あの、帰っていったっていう感じですね。（A13・三〇代）

調査に協力くださった方々は、道具のように、性的なモノとして扱われていることに強いショックを受けていました。それは、一人の人間として尊重されず、ただの性的な対象として利用されたということの衝撃だったと推察されます。

また、友人から突然襲われた被害当事者は、身体的な抵抗もしましたが、押さえつけられ、望まない性交を強いられました。そのことについて、「なぜそこまでして、嫌がってもしてきたのは何で?」と加害者に尋ねたということです。そのときは、人間扱いされていないというところまで思い至らなかったということですが、今考えると、人間扱いされていなかったと感じている、と語っていました。

このように、物理的／言語的に抵抗したけれども相手がやめなかったことについて、恐怖を感じたり傷ついたりしたということも、語られていました。抵抗したけれど相手がやめなかったということは、当事者にとって、意思が尊重されなかったという体験になります。それは「モノのように扱われた」ということへのショックと同様、一人の人間として扱われなかったという、強い衝撃を受ける出来事です。

こうした傷つきは、他の関係性での性暴力でも見られますが、一見すると対等な関係であったからこそ、自分の意思が無視される、自分が一人の人間として扱われないということが、余計に当事者を深く傷つけた可能性もあると考えられます。

望まない性交の後、加害者は、普通に接してきたり、優しく接してきたりといったことが見られました。また当事者は加害者に対し、なぜこのようなことをしたのかと尋ねることもありました。しかし多くの場合、尋ねたとしても、当事者の期待するような答えは返ってこず、当事者はさらに深く傷つくこととなります。

そして、一定期間関係が継続した場合も見られましたが、ほとんどの場合、友人／知人／(元) 恋人関係は終わっていました。

おわりに

一見すると対等な関係で発生する性暴力のプロセスについて、協力いただいたインタビューの内容を分析しました。そのプロセスでは、友人関係という信頼を利用して突然襲う場合と、対等な関係に見せかけて上下関係が存在し、当事者は徐々に性的な誘いを断り切れない状況に追い込まれていくというエントラップメントのプロセスが発生している場合とがありました。また、出来事の中で、モノのように扱われたり、自分の抵抗が無視されるなどして、当事者は人間として尊重されていないということへの傷つきを負っていました。

相手の「信頼」を利用して逃げられない状況に追い込み性暴力を行うというプロセスについては、Burgess と Holmstro が「confidence rape」と述べたものと類似していると考えられます（Burgess & Holmstrom, 1980）。Burgess と Holmstro（一九八〇）は、レイプを、「blitz rape」と「confidence rape」

に分けました。blitz rape は、加害者と当事者のあいだに事前の関係性がなく、前触れなく突然生じるレイプです。confidence rape は、加害者は当事者の信頼を利用して、密室あるいは一対一の状況に追い込み、レイプを行うものです。confidence rape は、当事者を逃げられない状況に追い込んだ後に脅迫や暴力を用いてレイプが行われることが特徴であり、多くの当事者は被害中に怒りを感じ、何らかの抵抗を行っています。私たちの調査でも、友人であり、普通に遊んでいたあるいは飲酒をしていた相手から密室で突然襲われる性暴力については、当事者が抵抗している場合も見られました。

しかし、私たちの調査では、相手の信頼を利用している場合だけではなく、加害者が事前に上下関係を作り出し、性的な誘いを繰り返し行い、被害者を断り切れない状況に追い込んでいくというプロセスも存在することが分かりました。

友人同士や恋人、元恋人同士の場合、対等な関係に見えるがために、「なぜ家に行ったのか」「なぜ二人きりになったのか」「断れたのではないか」「抵抗できたのではないか」と、警察からも周囲からも被害者が責められる場合があります。しかし、そこには、信頼していたために、まさか襲われるとは思わず二人きりになったという状況や、あらかじめ上下関係が作られており、被害者が断り切れない状況に追い込まれていくというプロセスが存在します。こうしたプロセスが存在することを社会に広く伝えることで、被害者を責める二次被害が軽減していくと考えられます。

（齋藤 梓）

【引用文献】

Burgess, A.W. & Holmstrom, L.L.（1980）Rape typology and the coping behavior of rape victims. In The Rape Crisis Intervention Handbook. Editor McCombie, S.L. New York, Plenum, pp27-42.

第6章　子ども時代における家庭内の性暴力
――行為を認識できないあいだに進むプロセス

1　子ども時代の家庭内性暴力（性虐待）をめぐる問題

二〇一七年、性犯罪に関わる刑法が改正され、監護者性交等罪、監護者わいせつ罪が新設されました。これは、一八歳未満の子どもに対し、実親や養親、児童養護施設の職員などのような子どもを監護する者、つまり子どもの衣食住などの面倒を見ている者が性加害を行った場合、暴力や脅迫行為がなかったとしても犯罪とする、というものです。一八歳未満の子どもは監護者なくしては生活ができないため、暴力や脅迫行為がなかったとしても、監護者には抵抗することができないと考えられたために、作られました。

しかし二〇一九年三月、名古屋地方裁判所岡崎支部にて、一九歳の娘に対する父親の性虐待について、無罪判決が言い渡されました。判決では、娘が以前から継続して性虐待の被害にあっていたことは認められましたが、一九歳時点の被害についての裁判ですので、監護者等性交等罪は成立しません。そして、以前に父親の性虐待から逃れようとする行動が見られたことから、抵抗できない状態とまでは言えない、ということで、準強制性交等罪も認められませんでした。性暴力被害の当事者や支援者から、この判決について、性虐待の被害者の心理についてあまりに理解がないと批判の声が上がっています。なお、この判決は、二〇二〇年三月に高裁で有罪判決が出ています。

性虐待に関しては、性虐待という異常な状況に対して、子どもがどのような心理的反応を示すか、「性的虐待順応症候群」(Summit, 1983) という言葉で語られてきました。また、性虐待の際に、グルーミング (grooming) という、加害者が徐々に子どもを精神的に支配していくプロセスが見られることも知られています。しかし、それでも前記のような、司法判断と性暴力被害当事者や支援者の声との乖離が生じるのは、性虐待がどのように発生し、どのようなプロセスで進み、どのように終わるのか、当事者の経験からの理解が不足しているためであると考えられます。

そこで本章では、子ども時代に家庭内で性暴力を受けた被害当事者の語りから、性虐待がどのように発生し、どのようなプロセスで進んでいくのかを明らかにします。また、当事者は自分の身に起きたことをどのようにとらえ、プロセスの中でどのような心理状態になるのかを考えます。

なお、監護者性交等罪の対象者には、きょうだいや祖父母といった監護者以外の親族、および監護者とは言えない親の恋人は含まれていません。しかし家庭内の性暴力は監護者に限らず、きょうだいや祖父母等他の親族や親の恋人が加害者になることも多くあります。したがって本章では、監護者に限らず、広く家庭内の性暴力について対象とすることとします。

2　分析結果の概要

今回、家庭内の性暴力被害について語ってくださった方々は、インタビューに回答した方が六名、体験談の記載のみの方が五名でした。複数の親族から被害にあっていた方もいらしたので、被害件数としては一二件です。加害者は、実父が五件、母の恋人あるいは養父が三件、兄弟姉妹が四件でした。加害者は男性が一一件、女性が一件でした。

図６‐１に、分析の結果をまとめましたので、全体の説明を行います。

まず、性虐待は、「身体を触られ始める」ことから始まり、それが「徐々にエスカレート」していくというプロセスで進んでいくと語られていました。加害者は性虐待の行為中、「言葉がない」、つまり無言で行為を行っている場合もあれば、「かわいい」「大切だよ」など「言葉がある」場合もありました。どちらにしても、被害者は「混乱」します。被害者は幼いために、自分にされていることが「何だか分からない」ということも多く見られました。

そして行為がエスカレートする中で、被害者は思春期になり、自分の身に起きていることが性的なことであると知ります。それと前後して、被害者には「抵抗を試みる」という行動や、「加害者に行為について尋ねる」、つまり加害者になぜこのようなことをするのかを尋ねてみたりするという行動が見られました。

しかし抵抗は「聞き入れられない／行為は止まらない」ため、性虐待は継続されます。その結果、被害者は余計に「無力感／諦め」を感じ、「感情を感じない」状態や「日常から切り離される」状態になって

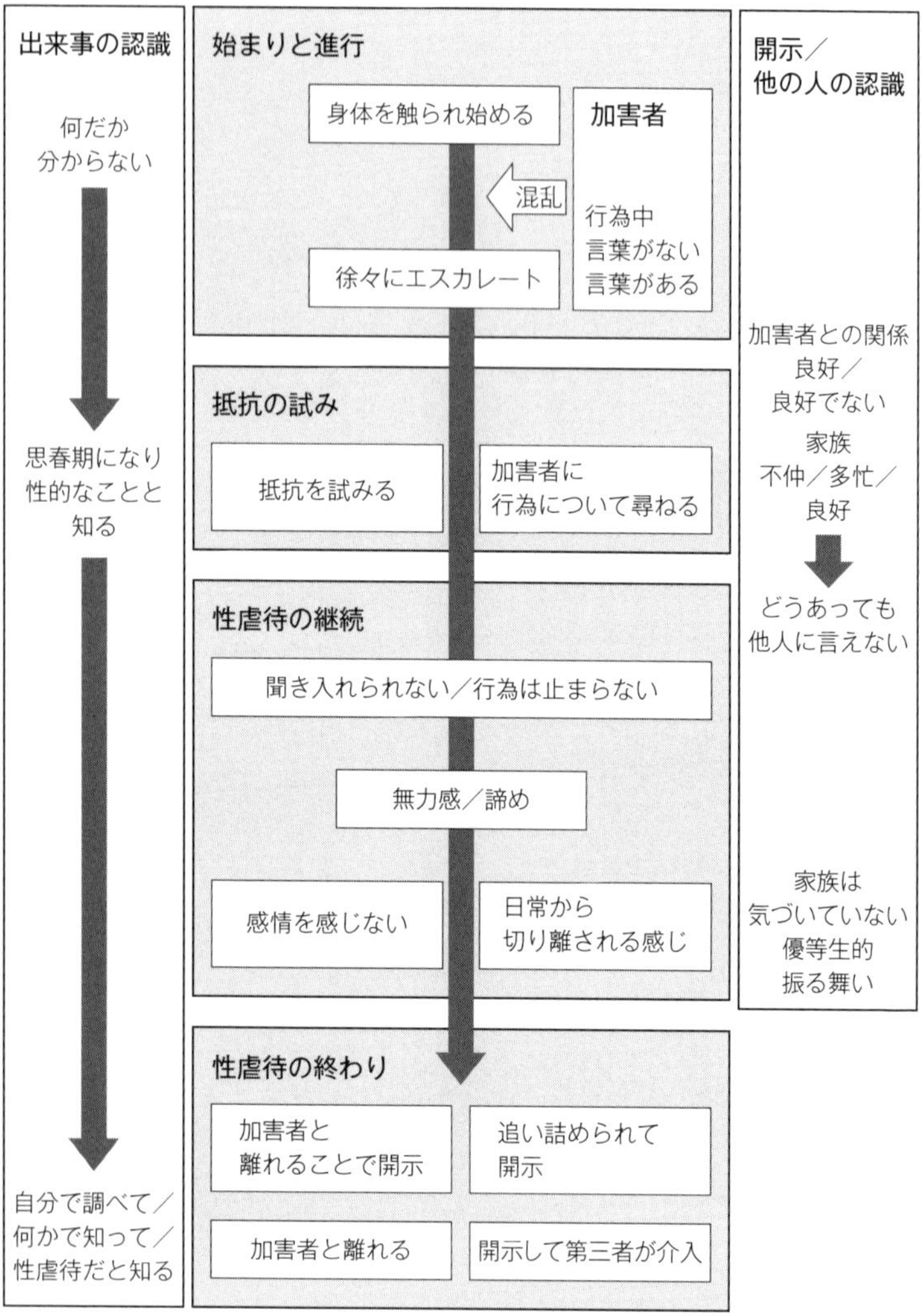

図 6-1　家庭内の性暴力被害の発生プロセス

いきます。

性虐待の終わりは、被害者が、これ以上は耐えられないと、「追い詰められて開示」し、「開示して第三者が介入」することで終わる場合もありました。また、親が離婚するなどで、物理的に「加害者と離れる」場合に、安全が確保されたことで「加害者と離れることで開示」できるようになったという場合もありました。自分で加害者にやめてほしいと言って終わる場合もありましたが、そのときも、加害者と物理的に離れられるまでは、本当に被害が終わったのかどうか安心ができないということでした。被害者は、性虐待が終わる前に、「自分で調べて」自分の身に起きていることが性虐待というものだと気づく場合もありましたが、第三者に開示した時に指摘されることや、加害者と離れてから「何かで知って」気づく場合もありました。

被害者は、加害者との関係が良好であっても良好でなくとも、性虐待について、家族や他人に開示できず、また、家族もほとんどの場合において性虐待に気が付いていないということが語られました。

次節から、インタビューでの語りと共に、プロセスを詳細に見ていきます。

3　性虐待の始まり

性虐待は、寝ているあいだに気が付いたら身体を触られていたという場合や、マッサージをするという名目で身体を触られたという場合など、身体への接触からはじまる場合が多く見られました。多くの当事者は、幼すぎて自分の身に起きていることが何だか分からなかったと語っています。

母親の恋人から継続的な性虐待を受けていた当事者は、被害の始まりを次のように語っています。

最初の、一〇代初めの頃の（被害）はもうなんか何も、もう考えが浮かばなかったです。（眠っていて）もう目が覚めたらもう口に舌が入ってた状態だから、え？　とかそういうことも浮かばない、何も浮かばない。で、もうなんかもう止まりました、こう。（中略）何が起こったのか分からなく。とにかく分からない。分からない。（中略）で、その、やっぱり、その性的にもまだ、まあ、人より未熟なほうだと思うんですけど、だから余計に。ましてやその環境がなんか母も祖母も寝てるのに。隣に。もう本当に分からなくて。で、なんでこういうことをされてるのかが分からなかったです。（A11・三〇代）

この出来事の最中、相手から言葉はなく、この方は非常に混乱したということです。その後も、他の家族がいないときに、マッサージをするという名目で身体を触られるなどし、行為がエスカレートしていきました。

また、やはり母親の恋人から継続的な性虐待を受けていた別の当事者は、被害が始まった小学生の頃のことについて、次のように語っています。

一番最初は、足をマッサージしてるみたいな感じだったと思うんですけど。（中略）だからそのときはそんなに疑ってなかったんですけど、何か、それがだんだんこう、上に上がってってって、ちょっとずつ、ちょっとずつみたいな。（中略）結構な長期間かけてだったと思います。で、最初は何かの気のせいかと思ってて、あの、もともとそんなに警戒してなかったので。で、それが、だんだんだんだん、どうみたいな。（A24・二〇代）

この方は、気が付いたときには行為がエスカレートし、避けることが難しい状況に追い込まれていました。加害者は被害当事者に対し、お小遣いをあげたりなどしており、今思い返すと口封じだったのかもしれないと、彼女は語っていました。

その他の性虐待においても、加害者は行為の最中、何も言わずに身体を触る場合が多く見られました。しかし一方で、被害者に対し言葉を発している場合もありました。実父から性虐待を受けていた当事者は、そのときの様子について次のように語っています。

（殴るというようなことはなく）逆にこう洗脳してくるというか、あなたはすごいかわいいんだよ、だからねって、こういうこと教えてあげるよとか、これは愛されてるからだよとか、かわいいからだよとか、そういうふうな感じなんで、（性虐待の最中に）その、暴力っていうのは（なかった）。（A28・三〇代）

この方は、父親と過ごす時間が少なかったため、性虐待について、当時は、愛されているという感覚を受けたとも語っていました。

身体を触られることについて、警戒していなかった場合や、嫌悪感を抱いていた場合、愛されているという感覚を抱いた場合と、被害当事者の抱く感情はさまざまでしたが、その行為を避けることが難しい状況に追い込まれていくというプロセスは共通していました。加害者が徐々に被害者を精神的に支配していく様子をグルーミング（手なずける）と言いますが、まさに、行為を徐々に進行させ、被害者が逃げられないようにしている様子がうかがえます。

4　性虐待の継続

前記のように、行われている行為の意味が分からない状態で性虐待がはじまることが多く見られましたが、当事者たちは、思春期頃になると、その行為が性的なことである、あるいは普通のことではないと気づき始めました。また、性虐待が継続する中で、抵抗を試みる場合もありました。しかしその抵抗は、ほとんどの場合、聞き届けられることはありませんでした。

先述した、母親の恋人から継続的な性虐待を受けていた当事者は、友人たちとの会話から気が付いたと語っています。

はじめのとき（一〇代初め）は分からなくて、それからだんだん、だんだんこうエスカレートしていく過程で、だから一六とか、うん、一六、一七歳くらいの辺りでそのなんか、うん、（この出来事は）おかしいなっていう。（中略）うーん、やっぱりそういう性的な話で友達とも冗談で話したりもして、そういう知識も入ってくるので、あのー、その、あの、誰々とキスしたのとか、なんかそういう話で。だからやっぱりそういうので（自分に行われている行為がどういうことか）分かって。（A11・三〇代）

自分に行われている行為が性的なことであると気が付いたあたりから、この方は、行為のときに「別の世界の出来事みたいで気持ちが動かない」という状態になっていきました。しかし一方で、加害者が性交をしたい、挿入したいと言っていたことに対して、「それは嫌だ」と言い続けてもいました。そのことについて、次のように語っています。

もうそこまで（挿入まで）なったら、もうなんかおかしくなってしまうってさすがに思ったので、嫌だって（言った）。（中略）うーん。なんかなんでそこだけ。なんか最後の砦みたいな感じだったんです。（A11・三〇代）

しかし、彼女の嫌だという言葉は聞き届けられず、行為は止まりませんでした。

ずーっと、その、ずっと入れさせてって言われて、それは前から言われてたんです。で、ずーっと言われて言われて言われて。で、もう面倒くさくなったっていうのもあって。あとはもう何ていうのかな、昔からのその何ていうかな、その（別の世界の出来事みたいに気持ちが動かなくなる）流れ。その同じ流れで、そのまんまなすがまま。（中略）なんか抵抗っていうのがなんか奪い去られた感じ。

人形みたいな感じ。（A11・三〇代）

そうして、最後の砦として性交を拒み続けてきたその言葉が聞き届けられず、挿入を伴う望まない性交が始まった後は、これまで以上に感情がなく、世界が分断された感じが続いたということでした。また、母親の再婚相手から性虐待を受けていた当事者は、児童相談所に保護され、一度は性虐待から逃れますが、母の恋人は追いかけてきて、学校帰りの彼女を連れ出すこともありました。彼女は何度も嫌だと伝えていましたが、それは聞き入れられませんでした。

何ていうんだろう、従わなきゃいけないような感じになるんですよね、何か、うん。それいまだによく分か、何か私も理解ができないんですけど、やっぱそれは多分、小さい時からされてるからそういうふうになっちゃうのか、うーん。断るけど、結局いつも「嫌だ」って振りほどいてても、嫌なことを受け入れてもらえないじゃないですか。それが続くと、一応は「嫌だ」とは言うけど、途中で（抵抗しても無駄だと抵抗が）終わるのが、もう何か、何かそんなような状況になっちゃいますよね。（A12・三〇代）

また、実父から性虐待を受けていた当事者も、一度は、性虐待とまでは言葉にできないまでも、父が布団に入ってきて眠れないと母に伝えて、その行為が止むように努力しました。

（母は）父に、えー、「Ａが寝られないって言ってるから、布団に行くのはやめなさい」っていうふうに言って、で、それは結構強く言った。で、強く言って、もうそれだけ強く言ったわけだから嫌がることはしないだろうと思っていたわけですよね。（中略）彼はほとぼりが冷めて、また布団に入ってきて、体を触るようになった、うん。で、それが始まって、（中略）なんか、もうこれは、あ、もうなんか、しょうがないんだなと、おも、思わざるを得なかったと思うんですよ。お母さんに言ったのにまた始まってしまったので。なので、なんか、そのときに、すごく、こう、切り替わって、これはどこの家庭でも起こってる当たり前のことなんだっていうふうに思った。（中略）そのー、どこの家庭でも起こっている当たり前のことだってしたら、多分自分としては受け入れられるわけですよね。受け入れられるというか、受け入れざるを得ないわけだから。（Ａ２・四〇代）

当事者たちは、身体を触られるところから徐々に行為がエスカレートし、その過程で自分の身に行われていることの意味に気が付き、嫌だと言ったり、拒否をしたりしていました。しかしそれが聞き入れられなかったとき、無力感や諦めを感じ、感情を切り離し、抵抗する気力が奪われていく、というプロセスが語られました。こうした状況において、被害当事者は、「自分は受け入れていたのではないか」と思い、自分を責める気持ちも見られました。

母親の恋人から継続的に性虐待を受けていた当事者は、次のように語っています。

（性虐待に）慣れちゃった自分が一番気持ち悪いみたいな。ま、逃げようと思えば、逃げれたと思うので……うーん。何か……うーん、うーん、気持ち悪いっていうか、（自分が）汚いなみたいな感じになるんですかね。（A24・二〇代）

望まない性交を強いているのは加害者であるにもかかわらず、意思の確認のないまま幼い頃から身体を触られたり、抵抗を無視されたりすることで、被害者たちは、自分が従っていた、自分が受け入れていた部分があると思うようになっていました。

5　性虐待の終わり

これまで述べてきたように、当事者たちは、抵抗しても逃げられなかった様子や、気持ちが追い詰められていく様子を語っていました。では、その苦しみをもたらした行為はどのように終わったのでしょうか。中には、被害当事者が性虐待について周囲の人に打ち明けなくとも、親が恋人と別れる、あるいは両親が離婚するなどして性虐待が終了する場合もありました。一方で、被害当事者自身が性虐待を開示し、それによって第三者あるいは非虐待親が介入し、性虐待が終了する場合もありました。

母親の恋人から継続的な性虐待を受けていた当事者は、加害者から離れて人生を立て直したいと思い、大学院に進学するために家を出ました。しかし加害者が追いかけてきたため、自分が壊れてしまいそうだと思い、母親に出来事を話しました。はじめての性虐待から、一五年以上が経過していました。

きっかけはもうこれ以上自分ではもう無理だって、もう限界ってなったのがきっかけで。で、なんかこう、ちょろちょろっと少しずつ母に話していって。やっぱり最初から（性虐待について）ダイレクトに言うのはできなかったので、遠回しに話していって。で、母がうん？　って、それはどういうこと？　ってなってくれたから話せました。（Ａ11・三〇代）

それまでもずっと、母親を驚かせないために、そして出来事があまりにも重いものであったために、性虐待を開示していなかったので、話すことは容易ではありませんでした。しかし母親はしっかりと本人の話を聞き、非常に怒り、恋人を追い出し、彼女と接触させないようにしました。それから、この方は母親に時間をかけて自分がされてきたことを話し、母親はその話を聞き、ともに怒りを共有しました。その後、「ほかの人みたいに幸せになりたい」と思い、精神科にも通うようになりました。

また、実父から性虐待を受けていた当事者は、一度、母親に遠回しに話したけれどうまくいきませんでした。その後、性虐待を母に打ち明けると、自分と母の関係が壊れることになるのではないかと思い、開示できずにいました。しかし、父と母が別れて暮らすことになり、父から離れられるという前日に、母に性虐待について打ち明けました。

引っ越す前の日に、母に、うん、あのー、実は、えー、父親に体を触られていたというふうに言っちゃったわけ。お父さんは私の体触っていたって言って。で、母は、うーん、なんか、もう、なんか、こうね、顔とかあんまり覚えてないんですけれども、ものすごく、あのー、仰天した雰囲気を覚えている、すごくショックを受けている、そのー、青天の霹靂みたいな、なんか、ほんとに雷が落ちた人ってこんな感じかなって。で、すっごいびっくりした母を見て、「あら？　なんか、これは、すごい、なんか、あ、そのぐらい大変なことなんだ」と思ったわけ。（Ａ２・四〇代）

母親は父親に対し、強い怒りを表明しました。もともと離れて暮らすことになっていましたが、この開示によって、この方の、父親との接触は決定的に回避されることになりました。この方は、性虐待を打ち明ける以前から、性虐待を受けているときの自分とそうではない時の自分とが全く切り離されているような感覚を抱いていました。母親に打ち明けた後、情緒不安定な時期が続きましたが、自分のことをちゃんと大切にしてくれる人と結婚したということです。

両親の離婚により物理的に離れた場合や、自ら性虐待について周囲の人に開示した場合、児童相談所に保護された場合などさまざまでしたが、今回のインタビューでは、性虐待は、物理的に加害者と離れた場合に終わることがほとんどでした。加害者と被害者が共に生活している状況では、性虐待を終わらせることが非常に難しいと考えられます。

しかし、自分で加害者に対峙した方もいらっしゃいます。きょうだいから性虐待を受けていた当事者は、行為がはじまってから数年後に、一度、やめるように話しましたが、そのときは行為はやむことがなく、「まあ、耐え切れなくてリストカットとか行ってはいたんですけれども」（Ａ23・二〇代）と、死にたいという思いが募ったり、人生への諦めを感じたりしていました。それからさらに数年経って、もう一度、対峙しました。それによって加害行為はやみましたが、それでも、家を出て加害者と物理的に距離ができることが確実になるまでは、安心ができなかったと言います。家を出る心境について、以下のように語っています。

まあ、家を出られるって分かったときに、何か、世界が色付いて見えた。今までもほんと、まあ、いろいろ、うーん、色自体は見えてはいたんですけれども、きれいに世界が広がって見えたので、まあ、ほんと苦痛だったんだなというのは、改めて感じましたね、そのとき。（A23・二〇代）

6　性虐待の開示

前節で紹介した方の中には、自ら性虐待について母親に打ち明けた方もいました。しかし、性虐待を打ち明けるまでには、長い時間がかかっていました。

インタビューに回答した六名のうち、未成年のうちに被害を非加害親など第三者に打ち明けた人は、児童相談所に保護された一名のみです。成人してから母親に打ち明けた人が三名、友人に打ち明けた人が一名で、残りの一名は、今回のインタビューが、初めて人に被害を打ち明ける経験でした。

インタビューでは、加害者との関係が表面上良好である場合には、家族関係を壊したくないと思い打ち明けることができず、加害者との関係が良好ではない場合には、身体的暴力など危害を加えられることを恐れて打ち明けることができないと語られていました。また、他の家族との関係が不仲であれば、信じてもらえないだろう、あるいは別の虐待を受ける可能性があるだろうと被害について相談できず、家族が多忙であれば迷惑をかけてはいけないと思い相談できず、家族関係が良好な場合には、関係を壊したくないと思い相談できず、と、加害者との関係、家族との関係がどのようであっても、いずれも相談ができない理由として機能していました。

母親の再婚相手から性虐待にあっていた当事者は、加害者が母親にも家庭内暴力を振るっており、打ち明けられなかったと言います。

（普段の暴力で）もう殺されるんじゃないかっていう、そういうのがあったんですかね。だからそれ（性虐待）を言ったら、やっぱそういう（暴力的な）目にあうんじゃないか、みんな。お母さんもひどかった。お母さんがやっぱりひどかったんで、暴力受けるのが。お母さんなしじゃ生きられないじゃないですか。（だから母を危険にさらさないために言えない）

（中略）ちょっとそうですね、ばらばらになっちゃうっていう思いもあったんですかね。一回そういう、親同士が別れた時があって、弟と別に住んでたこともあったんですよね。でも、母親は弟が、やっぱ男の子なんで一緒に住みたいって言ってて、（両親が再び一緒に）住み始めた時期なんですね、その（性虐待をされていた）頃が。で、なんで、それを言ったことによって、またばらばらになる（のではと思った）。（A12・三〇代）

また、きょうだいから継続的に性虐待を受けていた当事者は、家族に被害を打ち明けられなかった理由を次のように語っています。

親に言わないという点では、ほんと、母親自身、日々のことでいっぱいいっぱいな中で、私のこともさらに、まあ、負担として、まあ、抱えてしまったら、それこそほんとにつぶれてしまうんじゃないのかな、精神的にという思いがあったので、だから伝えないいんだと。（A23・二〇代）

この方は、家族が全員同じ部屋で寝ていて、その中で被害にあっていましたが、家族は誰も気づきませんでした。もしも家族が、きょうだいからの性虐待に気が付いていたら、父親は加害者を殴っていたのではないかと、彼女は語っていました。

このように、どの場合においても、家族は性虐待に気が付くことはありませんでした。

母の再婚相手から性虐待を受けていた当事者は、隣で母が寝ている中で行われる性虐待について、次のように語っています。

いつもその、そういう、そういうふう（性交）になるには、素股みたいのがあってからなんですよね。それが真夜中とかじゃなくて、朝方も、母親も起きてたりしていて、川の字で寝ている中で布団に紛れて、添い寝してるような、に見せかけてなんで、ほんとにめくられたら分かっちゃうぎりぎりの。ほんとにばれそうになったこともあるし。だからそのぎりぎりなんで、ちょっとでも反応があればやめる感じだったんじゃないですかね、もしかすると。（A12・三〇代）

他のインタビューでも、家族が同じ部屋で、あるいはすぐ隣の部屋で寝ている状況で性虐待が行われることは、たびたび語られていました。インタビューの内容から、当事者たちは、家族関係が壊れないように、加害をしていない親に負担をかけないようにと考えたがゆえに、被害を打ち明けることが難しかったことが分かります。

7　子どもの頃の家庭内性暴力被害をめぐる誤解

ここまで述べてきたように、性虐待は幼い頃から始まり、徐々にエスカレートして、それが性的なことだと気が付いたときには、被害当事者はすでに性虐待を回避できない状況に追い込まれていました。被害者は抵抗を試みるものの、加害者に無視され、無力感を強めることになります。そして抵抗しなくなった自分に対して、受け入れていたのではないか、汚いのではないかと責めるようになります。また、性暴力被害のもたらす精神的な影響については、第8章で述べますが、この章で紹介したインタビューにご協力くださった方々も、それぞれ死にたいと思うほどに苦しい思いをしながら、日々を過ごしてきました。

二〇一八年三月に名古屋地裁岡崎支部で行われた性虐待事件をめぐる裁判の判決において、「抵抗できていた時期があるのだから、抵抗できなかったとは言えない」と裁判長から指摘がありました。また、同時期に、静岡地裁で行われた性虐待事件をめぐる裁判では、「長い間の性虐待に家族が気が付かなかったことは不自然だ」といった指摘がありました。そして、二〇一七年の刑法性犯罪をめぐる議論の中で、親子関係だからといって真摯な恋愛関係がないとは言えないのではないか、といった意見が出されたこともありました。個別の事案には個別の事情があるとは思いますが、こうした考えには、性虐待、子どもの頃の家庭内性暴力被害をめぐる社会の誤解が存在しているようにも感じられます。

本研究の結果から述べるならば、被害当事者は、長年の性虐待の経過の中で、自分の身に起きていることが性的なことだと気が付き、抵抗を試みることがあります。しかし、抵抗しても、加害者に聞き入れられることは稀であり、多くの場合、意思を無視され虐待は継続し、そのために余計に無力感が強くなります。抵抗は一度ではなく、何度か繰り返される場合もありますが、抵抗を無視されればされるほど、被害当事者の傷つきや諦めは強くなっていきます。

また、同じ部屋で寝ていたとしても、家族が気が付かないことはあります。加害者は、最初は少し身体を触るといった、コミュニケーションの延長かのような行為から初めて、徐々にエスカレートしていきます。その手口は巧妙です。被害当事者は、気が付いたときには回避できなくなっており、家族に負担をかけないために被害を打ち明けることができません。家族関係を壊さないために、性虐待のあいだ、周りの人に知られないようにしている場合もあります。そのような状況では、同じ部屋で寝ていても、他の家族は気が付かない場合が見られました。

そして、今回のインタビューの結果から見えてくる実情として、性虐待は真摯な恋愛関係の中で行われるものではありません。被害当事者にとっては、出来事の意味さえ分からない幼い頃から行われている行為であり、そこに当事者の同意はありません。多くの場合、行われている行為を認識できないうちに、プロセスが進んでいっていました。行われている行為が性的なものであると理解できた後でも、親と子、あるいは上のきょうだいと下のきょうだいという圧倒的な力関係の中で、拒否することが難しい関係の中で行われている行為であり，被害当事者は，死にたいという気持ちを抱えたり強い情緒不安定を示したりしています。例えば，実父から愛情だと思わされ行為を続けられていた女性も，子どものときは愛情だと思っていたということですが，そう思っていたときからすでに情緒は不安定になり，思春期には死にたい気持ちにもなり，成人して性虐待だと気が付いた後に相談機関にかかっています。性虐待は，子どもを強く混乱させる行為です。そして，長いあいだ，誰にも相談することのできない被害です。

性虐待はどのように発生し，どのようなプロセスで進んでいくのか，被害者はどのように受け止めているのかといった，性虐待の実態を社会に広め，このような，性虐待を取り巻く誤解が是正されていく必要があると考えられます。

（齋藤　梓）

【引用文献】

Summit RC（1983）The child sexual abuse accommodaticn syndrome. Child Abuse & Neglect, 7（2）; 177-193.

第Ⅲ部
回復への道のりと支援

第7章　被害認識の難しさと自責感——わたしは被害者なの？

1　被害を被害だと認識することの難しさ

性暴力の被害当事者に向けられる二次被害の中に、「なぜ早く警察に行かなかったのだ」といった言葉があります。警察に行かない理由はさまざまです。自分が責められると思った、恥ずかしいと思った、被害だと信じてもらえないかもしれないと思った、などの理由もありますが、警察庁平成二九年度犯罪被害類型別調査（警察庁、二〇一八）では、性暴力被害当事者が警察に通報をしなかった理由として「警察に相談して良い被害かどうか分からなかった」という回答も見られています。これは、自分の身に起きたことが、被害にあたるのかどうか分からなかった、性暴力というものかどうか分からなかった、とも考えられます。

海外の調査でも、性暴力被害にあっているにもかかわらず、「あなたは男性からレイプされたことがありますか」と尋ねると「いいえ」と答える女性たちが多いことが指摘されており（Koss, 1985）、性暴力が被害として認識されない要因についての研究もあります（Kahn, 2004; Bondurant, 2001; Harned, 2005）。本書の第3章でも、例えば、「エントラップメント型」の性暴力被害では、被害当事者が、自分が明確な拒否を示していないために性暴力であるという認識が生じにくくなることを示しました。

本章では、インタビューで語られた内容から、自分の身に起きた出来事について、被害認識が形成されづらい場合とされやすい場合とを比較して、被害を被害として認識することは何故難しいのかを考えます。

なお、本章は、齋藤梓・岡本かおり・大竹裕子（二〇一九）「性暴力被害が人生に与える影響と被害認識との関係――性暴力被害の支援をどう整えるべきか」（学校危機とメンタルケア（11）三三一－五二頁）をもとに執筆しています。

2　被害認識が形成されやすい場合

インタビューを分析した結果を、図7－1にまとめました。

最初に、被害認識が形成されやすい場合についてです。インタビューにご協力くださった方のなかには、「望まない性交」後に、自分の身に起きた出来事を性暴力だとすぐに認識した人たちもいました。どのような場合に認識したかを分析していくと、「自分の中にあるイメージと適合した」「以前に被害を受けていて認識ができている」という場合がありました。

1「自分の中にあるイメージと適合した」

例えば、自宅に見知らぬ男性が侵入して襲われた当事者は、以下のように語りました。

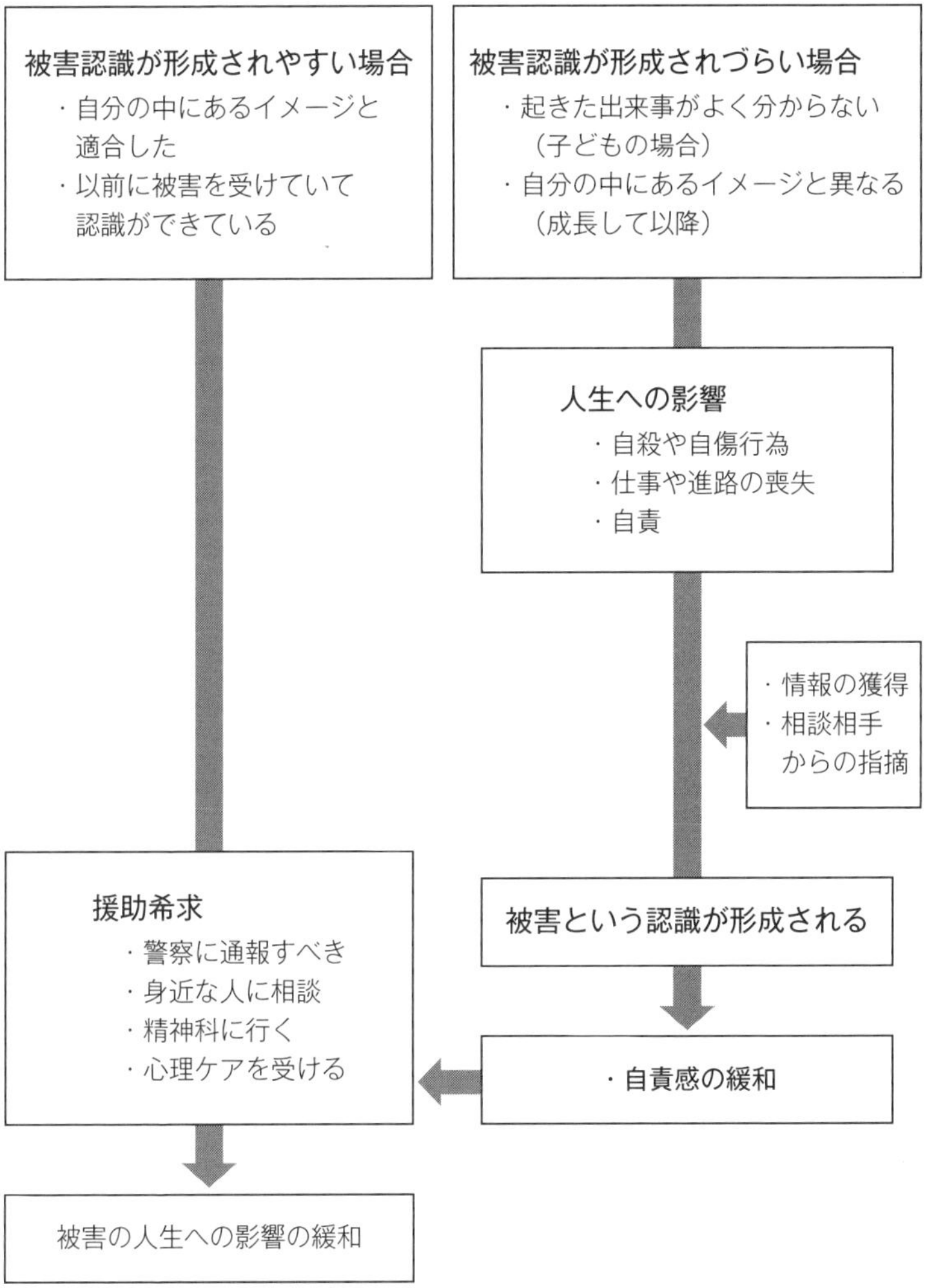

図 7-1　被害認識の形成と被害の影響

（出来事に遭遇したとき）自分の中にライフカードみたいのが浮かんできて、１　殴る。うん。たぶん逃げられない。２　逃げる。は、無理。で、３　警察に通報。携帯は、もう手の届く範囲、一メートル以内にあるんですけど、この体勢では無理。大声を出す。うん。（この状況をどうにかするにはこれしかないなって思って。（Ａ９・三〇代）

この方は、出来事に遭遇したときに、「警察に通報」という選択肢が浮かんだということです。つまり、見知らぬ人に突然襲われたという自分の身に起きているこの出来事は、警察に通報すべきことであると、出来事の始めから認識していたということになります。被害後、被害当事者は自ら警察に通報をし、精神科につながり、心理的なケアを受けることもできました。この場合、「見知らぬ人」に「突然襲われる」という出来事は、多くの人がイメージする「性暴力」や「事件」というもののイメージに合致していると推測されます。そのため、この女性も、出来事に遭遇した時に、警察に通報すべき事件である、と認識できたのだと考えられます。

また、母親の恋人から性虐待を受けていた当事者は、二〇年近くのあいだ、自分が性虐待を受けている、性暴力を受けているとは認識していませんでした。しかし、大学生の時に教員から受けたセクシュアル・ハラスメントについては、被害であると認識していました。

論文とか書いている時とか、（その教員が）なんか、やばい、かわいいとか（言ってきて）。あとなんかこう抱きしめたいみたいな感じで言ったりとか。論文で間違いがあったりしたら「間違ったたびに胸を一回つつくぞ」とか。具体的に「どこで待ち合わせてホテルに行こう」みたいな（ことを言われる）、そういう感じでした。（A11・三〇代）

この方は、この出来事については、セクシュアル・ハラスメントとして他の教員に相談をし、問題を解決しました。そして、カウンセラーに相談にも行くことができ、心理的なケアも受けています。性虐待には気が付かなかった一方、この出来事については被害であると認識するようになった理由について、次のように語っています。

セクハラのなんかこうなんか定義じゃないけど、（事前に知識が）あったので、私もそのインターネットでセクハラを調べて、どう考えてもセクハラだわって（思った）。だからやっぱり（相談など）動きやすかった。（A11・三〇代）

つまり、自分の中に「セクシュアル・ハラスメント」について知識やイメージがあり、起きた出来事がそれに該当していたために、被害認識が形成されていたということになります。

２「以前に被害を受けていて認識ができている」

その他に、「以前に被害を受けていて認識ができている」場合も見られました。例えば、知人から望まない性交の被害にあい、そのときはその出来事が被害であるという認識を持つまでに時間がかかった当事者が、その後、別の男性から望まない性交を強要されたときには、その出来事を被害だとすぐに認識しました。彼女はその理由について、次のように語っています。

それからその時は、あ、これは自分、一度被害にあってるから、これも形は違うけど、性行為の強要で望まないセックスだから強姦だって気付いて。（A21・四〇代）

この方は、最初の「望まない性交」のときに、どうしてよいか分からずに相談に行った際、その相手から「望まない性交は強姦だ」と説明されていました。そのため、この件についても、これは被害だと気が付いたということでした。このように、もともとのイメージに適合していた場合や、以前に被害にあって認識ができている場合、起きた出来事について被害だという認識が形成されやすい様子が見られました。

3「援助希求と人生への影響の緩和」

前記の内容を語った当事者たちの特徴として、「援助希求」、つまり出来事について速やかに助けを求め、支援につながっていたということがありました。「警察に通報すべき」と考えたり、「身近な人に相談」をしたりし、出来事について実際的な支援を受けるとともに、「精神科に行く」「心理ケアを受ける」など、心のケアも受けていました。そして、「被害の人生への影響の緩和」が生じていました。

自分の身に起きたことについて、それが被害だという認識が形成されると、他の人や警察へ相談することに思い至り、支援につながりやすくなると考えられます。

ただし、出来事のあとすぐに被害だと認識しても、支援につながらない場合もあります。自宅で就寝中に、見知らぬ男性が侵入してきて被害にあった当事者は、被害直後、恋人に電話をしました。

（加害者が出ていった後で）私はもう、放心状態、になっちゃって、何が起きたのかな、と思って、とりあえず夜中だったと思うんですけど、その彼氏に電話、付き合い始めたばかりの彼氏に電話して、あの、「知らない人が来て、レイプされたんだ」ってことを言ったら、怒って飛んできて、その、捕まえようとして、で、すごい怒ってるんですよね、彼氏が。……ガテン系の人だったんですけど。なんかすごいそれ、それも怖いし、なんか「犯人がまだ近くにいるんじゃないか」っていう彼氏の発想も怖いし、なんか、んー、なんとかこう、静まってほしいんだけど、こう、原因は自分にあるような、気がして。（Ａ１・三〇代）

この方は、恋人への電話で「レイプされた」と伝えている通り、被害にあったという認識は持っていました。しかし、恋人が激しく怒っていたために、自分が悪いような気持ちになったということです。その後、加害者は別件で逮捕され、この方も事情聴取には応じましたが、「この経験が、自分についてくるのが嫌だと思ってた時期があった」ために、告訴はしませんでした。

このように、性暴力被害という認識が形成されても、被害にあったことを忘れたかった、あるいは被害を恥ずかしいことだと思った、被害について自分を責めていたなどの理由から、相談できない場合もあります。または、相談した人の対応によっては、その対応で傷つくこともあります。しかし、被害だという認識がなければ、誰かに相談すると考えることさえ、なかなか至ることができない可能性があります。

3　被害認識が形成されづらい場合

次に、自分の身に起きたことについて、被害認識が形成されづらい場合とはどのような場合で、なぜ認識が形成されづらいのかを考えていきます。

インタビューでは、幼い頃から性虐待を受けていた人や、見知った人から望まない性交を強いられた人は、被害認識が形成されづらいことがうかがえました。その理由としては、「起きた出来事がよく分からない」「自分の中にあるイメージと異なる」といったものが見られました。

では「被害」だという認識が形成されていないならば、その出来事は、その人の人生や心身に影響を及ぼさないのでしょうか。「被害」だという認識がない場合、無理にその出来事を「被害」であると認識させずに、そっとしておいた方がいいのでしょうか。

インタビューの結果を分析すると、「人生への影響」として、「自殺や自傷行為」「仕事や進路の喪失」「自責」などが見られました。ご協力いただいた方々の語りからは、自分の身に起きたことを被害だと認識していないにもかかわらず、人生や心身にさまざまな影響が及び、人生が崩壊していく様子がうかがえました。「望まない性交」を経験した当事者たちは、自らの身体の不調や、死にたいといった気持ちによる苦しみ、人生を生きることの困難について、なぜこのような状態になっているのだろうかと考えます。そして、自分で調べて「情報の獲得」をしたり、誰かに相談して「相談相手からの指摘」を受け、あの体験はやはり性暴力だったのだ、それが原因となってこの苦しみが生じているのだ、という気づきが出て、被害という認識が形成されていっていました。

このように書くと、「すべてを性暴力のせいにしているだけでは」という反論が生じるかもしれませんが、人生でうまくいかないことを性暴力のせいだと後付けするのではなく、明らかに、その出来事から続いていた不調をもとに考えた結果でした。そして、被害という認識が形成されると、自分が悪かったのではない、と「自責感が緩和」され、支援を求めるなどし、被害からの回復の道がはじまっていました。

1 起きた出来事がよく分からない

被害という認識が形成されづらい場合には、一つは、その出来事が発生した年齢が幼く、起きた出来事がどういうものかよく分からない、ということがありました。あるいは、たとえ性的なことだと分かっても、「被害」だという認識はない、という場合も見られました。母親の恋人から性虐待を受けていた当事者は、大学生の時に受けた教員からのセクシュアル・ハラスメントについては、すぐにそれを被害だと気が付きましたが、中学生の時から継続して受けていた性虐待については、長い期間、被害認識が形成されませんでした。

（中学生の時の初めての被害で）目が覚めたらもう口に舌が入っていた状態だから、え？　とかそういうことも浮かばない、何も浮かばない。で、もうなんかもう止まりました、こう。何が起こったのか分からなく。とにかく分からない。（中略）翌朝に「なんでパンツの中に手を入れたの？」って（加害者に）聞いたけど、苦笑いされて。もう不思議なことにもう全然、もう何も起こらなかったように。なんか何事も起こらなかった（ように私はふるまっていた）感じでした。（Ａ11・三〇代）

この方は、初めての被害の時は、その行為がどういうものかよく分からなかったということです。しかし、その後、「口になんかチャックがかかったみたい」になり、誰にも相談することができませんでした。起きたことが何なのかは分かっていなくとも、精神的な衝撃は非常に強かった様子がうかがえます。そして高校生になり、たわいない友人たちの話などから、自分の身に起きていることを性的なことだと認識するようになり「なんか、うん、おかしいなって」と思い始めました。しかし、この時にはすでに、性行為はキスよりも進んでおり、その行為が始まると心がシャットアウトするといった、精神医学的としての言葉でいうと「解離」の状態になっていました。そのため、それは性的なことであるとは分かっても、被害であるという認識、虐待であるという認識は形成されず、性虐待は二〇年近く継続しました。その間、その望まない性交による妊娠と中絶、男性一般に対する忌避感、自傷行為、不特定多数の人との性的関係と、人生には大きな影響が続きました。情緒不安定から望む進路に進むこともできませんでした。自分の身に起きていることが被害であるという認識に変わったのは、「自分は壊れてしまいそうだと思って」母親に起きている出来事の相談をしたことが始まりでした。母は、性虐待の被害者の本を買ってきました。女性はその本を読み、自分に起きたことと同じ内容が書かれていると感じたということです。

本を読めばよむほど、これ（自分の身に起きていること）は被害なんだってすごい納得して。被害を受けたんだったらもうどうにかして状況変えなきゃって、認識してからすごく。動くきっかけになって。（中略）その（加害）男性の（ことを）、まあ、その排除していこうって。とか、あとは自分のこの状態、精神状態を変えようと、何とかしよう。（A11・三〇代）

この方は、被害であることを自覚したことで、自分を責めなくてもいいんだ、自分はここから回復しよう、と思うことができました。そして、精神科に通い始めたことで、回復への道を歩み始めたのです。また、小学生の時に、就寝中にきょうだいに身体を触られた当事者は、自分にされていることの意味が分からずに、その後も身体を触られ続けました。被害だという認識が形成されていったのは、高校生の時だったということです。

兄自身がそういったこと（就寝中に身体を触る）を行ってくるのに対して、どこ（の家庭）でも行っていることだというような言葉は一切発してはいなかったので、ああ、そう（普通のこと）なんだってという刷り込みのようなものはなかったので、まあ、（身体を触られることを）出来事として捉え、でもな、やだな、どうにかしたいなって調べていくうちに、あ、これは、まあ、被害を受けてるんだなというような知識をつけていった。（A23・二〇代）

この方は、自分で、自分の身に起きていることは何かを調べ続け、その中で、徐々に被害だという認識が形成されていきました。その後、家を出るためにシェルターを調べるなど、事態を打破しようと模索しました。結果的に家を出ることはかないませんでしたが、最終的に、行為をやめるように加害者に伝えたということです。

このように、幼い頃からの、家族など見知った人からの継続した出来事の場合、はじめは、自分の身に起きていることが何かも分からない状態からはじまり、思春期頃に、それが性的な行為であるという認識ができはじめていました。その後、被害という認識が形成される場合もありますが、そこに至るまでの時間はさまざまでした。

また、見知らぬ人からの行為であっても、幼いために被害だという認識が形成されづらい場合もありました。中学生の時に見知らぬ男性に道案内をし、ナイフで脅され性暴力被害を受けた当事者は、以下のように語りました。

（出来事の後に）ほんともう、普通にしなきゃと思って。絶対言っちゃいけない。話しちゃいけないみたいな。なんかもう、「案内しちゃった、もう自分が悪かったんだ、あのときあんなことしちゃったから悪いんだ、これはもう自分が悪い自分が悪い」と思って。誰かに話すっていうことは、もう頭には全くなくて。これは絶対、もう死ぬまで人には話しちゃいけないことだと思って。誰かに話そうとも思わな、発想がなかったって。（Ａ８・四〇代）

この方は、自分の身に起きたことを性的なことだと認識し、人に話してはいけないこと、悪いこと、という認識はありました。しかし、性暴力や性犯罪といった被害であり、警察や家族に相談する出来事だという認識はなかったと語っていました。女性はその後、長い間、体調不良や解離の状態に苦しみ、さらに成長してからは、不倫をしたり、親しくない人と（性的）関係を持つなどしていました。

なんか、（不倫などがあった）そのころすごい、なんか、苦しくって、なんでこんなことしちゃうんだ、したくないのに何でこんなことしちゃうんだろうっていうのを、ずっと悩んでいるというか。ぐるぐる考えていて、うん、なんか、うん、そうですね。なんか、誰か（私を）殺してくんないかなみたいな。（中略）今思うと、明らかにその（被害の）影響だっただろうなって思います。（Ａ８・四〇代）

この方はその後、子どもに関わる職業につき、性暴力被害を受けている子どもたちに会うようになったことで、仕事ができないほどの精神状態に陥りました。なぜ自分がこのような精神状態になっているのだろうと考えていき、子どもたちの様子が、当時の自分と同じであることに気が付き、中学生の頃のことについて、初めて人に相談します。そこで、それは被害だという認識が形成されていきました。その後、性暴力についてさまざま学んでいく中で、「自分が悪かったんじゃないんだな」と思えるようになっていったということです。

親族からの性虐待ではなかったとしても、出来事に遭遇した年齢が幼い場合は、その出来事が被害であるとは気が付かず、むしろ自分が何か悪いことをしてしまったという認識をもつことがあることが、インタビューから分かりました。それは、加害者から、いけないことをした悪い子だと言われていることもあれば、親との約束を破って知らない人についていってしまった罪悪感からきていることや、漠然と、何かいけないことをしてしまった、という気持ちからきていることもあるようです。このような気持ちになると、人に相談することができなくなり、被害だという認識はさらに形成されづらくなります。しかし、長い時間をかけて自分の不安定な状態について考え、人に相談する、知識をつけるなどして被害の認識が形成され始めると、被害であるならば自分が悪いのではない、相手が悪いのだと自分を責める気持ちが和らぎ、支援につながっていく様子が見られました。

2 性暴力のイメージと異なる

幼い頃の出来事に限らず、成長してからの望まない性交の場合も、自分の身に起きた出来事が、見知らぬ人から道端で突然レイプされるといった性暴力のイメージと重ならない場合、被害の認識は形成されにくいことが分かりました。就寝中に同じ寮の先輩に襲われた当事者は、このように語っています。

結局ずっとよく分からなかったですね。（中略）なんかこう、何だろう、レイプっていう言葉は知ってたし、強姦っていう犯罪があるのは知ってたんですけど、やっぱりこの外で知らない人にされるっていうのとか、まあ、家で寝てたとしても知らない人とかっていうのがあったので。（中略）自分の中でもこれがそういうふうに主張していい犯罪なのかっていうのも分かんなかったです。うん。なんか、なんか私はすごい不快だけど（犯罪とは思えない）。（A26・三〇代）

この方は、この被害後、仕事に行けなくなり、心身の状態を壊し、自殺したいとも思うようになりました。

そして、仕事を辞めざるを得なくなった後に、起きた出来事を家族や友人に話し始めました。出来事から数年という長い時間が経ち、支援機関に連絡し、あなたは悪くないと言われて初めて、自分の身に起きたことを被害だと認識したということです。そして、カウンセリングを受け、少しずつ安定していきました。

また、知人から望まない性交を強いられた当事者は、加害者から家に来るようにしつこく言われ、断り切れず行った際に突然襲われました。出来事の当初、それが被害だとは認識しておらず、「何かやばいことが自分に起こった」と思うにとどまりました。しかし相談した知人からそれは強姦であると指摘されました。

（知人からそれは強姦だと）言われてからも、その強姦という言葉が、あまりにも自分が今まで生きてきた中で耳に、口にも耳にもしたことがあまりなくて、ちょっとピンとこなかった。（中略）強姦っていう響きには、とても何か特別な人が被害にあうような、その知り合いの中で起こるとはとても思わなかった。何か本当に見知らぬ人が犯罪で起こって、かなり特別な人に起こるようなことなんだと思って、イメージがあったので。（Ａ21・四〇代）

この方はその後、性暴力被害の電話相談に相談し、やはり被害だと言われて、自分の身に起きた出来事を本当に被害だと認識するに至りました。このように、成人した以降であっても、自分の中の性暴力のイメージと合わない場合には、起きた出来事について被害だという認識が形成されづらいということがありました。

自分の身に起きたことについて被害であるという認識が形成されづらい場合、人に相談することも難しく、自分でも理由の分からない精神的な不安定さが継続することになります。しかし、どこかの時点で、なぜ自分は精神的に不安定なのだろうと考え、自分で知識を身に着ける、あるいは人に相談することをした結果、被害だという認識が形成され始めていました。そして、被害認識が形成されていくことで、自責感が緩和され、回復への道を歩み始めていました。

4　被害であるという認識と自責感

これまで、「望まない性交」の経験について、被害という認識が形成されづらい場合があることについて述べてきました。前節では、被害という認識が形成されづらい場合、自分の身に起きたことがどのようなことか分からないままに時間が経過していき、そのあいだに、人生に大きな影響が出ていることを述べました。

被害という認識が形成されづらい場合、起きた出来事について、当事者は「自責」、つまり自分を責めている様子がうかがえました。

新入社員の時に会社の上司から、パワーハラスメントの末に性暴力を受けた当事者は、会社に事実が伝わり、会社で加害者への懲戒手続が始まった時にも、次のように思っていたと語りました。

加害者の人と私と人事とか、二人きりっていうのはもう絶対嫌だったんですけど、(話し合いに)誰か間に入ってくれたら、なんか話して、「やめて」っていうのをお互いに理解して、会社もその処罰みたいなのとかをしてくれたら何とかなるんじゃないかっていうのが、まだなんか希望としてあったというか、悪い人はいないって思ってたんです、あの時。（中略）世の中に悪い人はいないって思ってて、だからなんか自分を、周りは悪くないから自分が悪いのかもしれないって思ったりとか、自分がなんかもっとできたかもしれないって思ってたから世の中に悪い人はいないって。（A19・三〇代）

この方は、当初、自分の身に起きていたことが分からず、他者から「それは〝セクハラ〟だ」と言われてはじめてセクシュアル・ハラスメントだと認識しました。しかし、〝セクハラ〟は、〝社会人にはよく起こる大したことのないこと〟という認識でした。そのため、まだ、自分が被害を受けたという認識は形成されていませんでした。その後、体調不良がずっと続き、数年経って会社以外の人に自分の身に起きたことを話してはじめて、自分自身が性暴力の被害にあったということに気が付き、自分が悪いのではない、悪いのは加害者であると思い至り、加害者を罰したいと考えるようになりました。

自分の身に起きたことが被害であるという認識が形成されていないということは、誰が悪いか責任の所在が分からないということです。そのため、誰を責めることもできず、自分が悪い、と思うようになります。しかし被害であるという認識が形成されると、それは暴力である、暴力を振るった加害者が悪いということに思い至ります。もちろん、自分の身に起きたことが性暴力の被害であるという認識が形成されても、自分を責める気持ちが続くこともあります。しかし、被害の認識が形成されることは、自責感が緩和される第一歩であると考えられます。

（齋藤　梓）

【引用文献】

Bondurant, B.（2001）University women's acknowledgment of rape: Individual, situational, and social factors. Violence Against Women, 7; 294-314.

Harned, M.（2005）Understaniding Women's Labeling of Unwanted Sexual Experiences With Dating partners a qualitative analysis. Violence Against Women, 11; 374-413.

Kahn, A.（2004）2003 Carolyn Sherif award address: What college women do and do not experience as rape. Psychology of women quarterly, 28; 9-15.

警察庁（二〇一八）「平成二九年度犯罪被害類型別調査報告書」

Koss, M.P.（1985）The hidden rape victim: Personality, attitudinal, and situational characteristics. Psychology of women quarterly, 9; 193-212.

第8章　被害の影響——ゆるやかにつづく、死にたい気持ち

はじめに

性暴力被害を受けた後の心身への影響として、一般的にはさまざまな身体的不調に加え、精神的な不調をきたすことが知られています。性暴力被害のもたらす精神的影響は深刻であり、うつ病や不安障害、アルコール依存症、自傷行為、自殺企図のリスクを二・五倍程度まで高める（WHO, 2013; Devries et al., 2014）とも言われています。また、警察庁の調査では、無理やり性交された被害者の二〇・六％が、K6と呼ばれる精神状態を評価するテストで重症精神障害の診断に該当すると推定される点数を示していました（警察庁、二〇一八）。このことから、無理やりの性交などの被害が、児童虐待や殺人、傷害に次いで重度精神障害を引き起こす可能性が高いことが明らかになりました。

本章では、性暴力被害を受けた女性たちに生じた心身への影響について分析を行いました。その結果、その影響は、身体や精神の不調のみならず、そこに付随して、自己という認識への影響、自尊心の低下、その後の人生への影響など広範囲に及ぶことが示されました。

1　性暴力被害とは何か？——尊厳を奪われる体験としての性暴力

性暴力被害とは当事者にとってどういう意味をもつことなのでしょうか。今回のインタビューデータで最も重要な影響として語られていた主題は「尊厳／主体性への侵害」でした。性暴力被害は、「自分の意思が無視される」「自分がモノのように扱われる」出来事であり、当事者にとって、一人の人間ではなく性の対象、支配する対象としてしか見られないという出来事でした。例えば、小学生のころに同級生から継続的に口腔性交を要求された当事者は、最も傷ついた場面を以下のように語っています。

その同級生の男の子が、テレビゲーム、当時ファミコンをしている間、そのずっと（陰茎を）なめさせ続けられたっていうのが、すごい完全に道具だなって思った。（中略）向こうがファミコンをしているあいだに（口腔性交を）しろって言われて、何の意味があるのかさっぱりわからないまま完全に道具だなって思ったっていうのは、なんか自分の中で、そこの場面はなんか何となくすごく、なんかショックだっていうか。（A15・三〇代）

この女性は、相手が自分に向ける感情を「物欲みたいなもの」だと語っていました。その後、小学校の時からの離人感があったといい、「自分の中に自分がいない感じ」が続き、人と深く付き合うなど親密な関係が築けなくなったと語っていました。また、小学生の頃から近所に住む男性から継続的な性暴力被害を受けていた女性は以下のように語っています。

（一度相手に押し切られ身体を触られたので）家に来るように言われて、なんで呼ばれたのか分かんないけど、言うこと聞かなきゃいけない存在だみたいな状態になっていて。こないだ話が通じなかった、今回もそうだろうみたいな、押し切られちゃうだろうみたいな感じがちょとあったんだと思う。すべての命を握っているのは加害者で、自分じゃないから、積極的に人生を切り開いていけないみたいな。そういうのがすごくあって。（Ａ５・三〇代）

このように、被害時に意思を無視されたことで、自分は意思を尊重される人間ではなく、自分の意思で人生を生きていくことができないといった感覚が根付きます。この女性はその後、自暴自棄になり自殺未遂を繰り返すようになりました。また、見知らぬ人から被害を受けた女性たちも同様に、性的なモノとして扱われることに衝撃を受けたと語っていました。性暴力は、加害者が知人か否かにかかわらず、一人の人間として扱われず意思を無視され、主体性を持ち尊厳をもって生きる在り方を奪うという「尊厳／主体性が奪われる」体験であるといえます。

2　性暴力による心身への影響

この「尊厳／主体性が奪われる」体験は、当事者にどのような心身の影響を与えるのでしょうか。今回

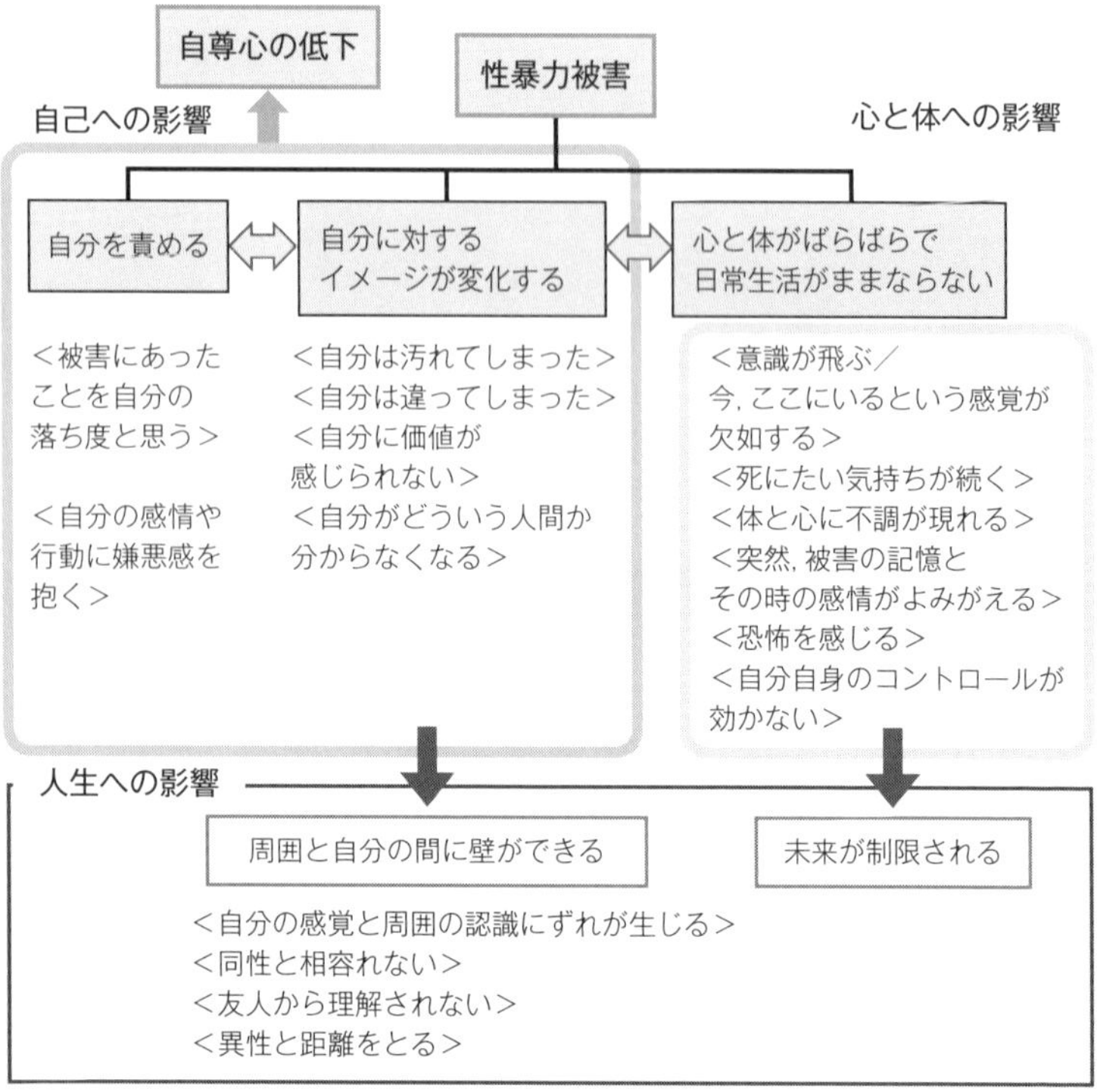

図 8-1　性暴力被害の心身への影響

の分析で、性暴力被害を受けた当事者の心身への影響は、大きく『自己への影響』『心と体への影響』『人生への影響』の三つに分類されることが分かりました。

『自己への影響』は、当事者が自身の尊厳や主体性を奪われることで自己イメージが侵害され、そこに被害に対する自責感が加わることで、自分の価値を貶め、結果として自尊心が低下することを示します。

『心と体への影響』は、被害後に心と身体に現れるさまざまな不調を表しています。これらの不調は当事者が生活を送るうえで大きな障害となっていました。また、この不調のコントロールは困難になることが多く、自分に対する無力感を高め、結果として『自己への影響』にも関連していました。

そして『自己への影響』『心と体への影響』は、『人生への影響』にもつながっていました。当事者は自己イメージの変化から、周囲と自分との間に越えられない壁を感じ、孤立していました。また、心身の不調により、未来への選択肢が制限されるなどの影響が生じていました。以上により、性暴力被害は、「自己」という人としての根本を変え、心身にさまざまな不調をきたすきっかけとなり、その結果当事者の人生に深刻な影響を及ぼすことが明らかになりました。

それでは、次にそれぞれの詳しい結果について、実際にインタビューで得られた語りも交えながら説明したいと思います。

３「自己への影響」

1《自分に対するイメージが変化する》

性暴力は冒頭で説明したように、自分が持っている意思や尊厳をないがしろにされ、侵害される行為です。この行為を通じて、被害を受けた当事者たちは「自分に対するイメージが変化する」体験をしていました。この「自分に対するイメージが変化する」体験は、当事者たちの間で広く共通して見られました。

性暴力は被害者にとって、強烈な体験であるといえます。自分の意思にそぐわない、心身ともに苦痛を伴う行為を受けること、それによって当事者たちは「自分は汚れてしまった」と感じていました。この「汚れてしまった」感覚は、本来は自分のものであるはずの体や精神が侵害される感覚であり、その結果「自分に価値が感じられない」感覚にもつながっていました。さらに、以前と比べると何か「自分は違ってしまった」と感じ、しかし、どう違ってしまったのかが分からない、あるいは以前の自分がどうだったのか分からなくなるといった「自分がどういう人間か分からなくなる」という深刻な状態を引き起こしていました。

「自分に対するイメージが変化する」の中でも、性暴力の被害体験として特徴的なのは「自分は汚れてしまった」という感覚に陥ることです。自室で就寝しているとき、見知らぬ人からの性暴力を受けた当事者は次のように語っていました。

お風呂に入ったんですけど、なんかもう、その、自分の身体が以前とは違うものだってことがはっきり分かって、なんかもう、いつまでもいつまでも身体を洗ってました。だからなかなか出てこれなくって、すごくその、何か、自分が洗ったことによって、そのー、自分の身体から血が出……たなっていう記憶はあって。（A1・三〇代）

この被害の後もこの女性は度重なる性被害、近親者からのDVを受けます。そのたびに「自分の価値が感じられない」状態になっていくことが語られていました。

自分の体とか精神の価値、性的な価値なんていうのは感じられない状態で、ぼろ雑巾になっていた以上の情けなさが蓋が外れたように出てきてしまうのを閉めて、性暴力にはあっていませんと守って、いやでもああいうのを性暴力というんだと自分に言い聞かせて、また情けなさが出てくる。（A１・三〇代）

「自分は汚れてしまった」感覚は、被害より前の自分とは異なる身体感覚、自己イメージを持つことです。その結果、彼女たちは性暴力被害とは全く無縁のように見える周囲から「自分は違った」存在になってしまったように感じ、以前の自分とは決定的に変わってしまったと考えていました。子どもの頃、見知らぬ男性から性暴力をうけた当事者はこのように語っています。

自分が他の人とは違うんだと思い続けることはやっぱりちょっと苦しかった（中略）高校までは、これから好きな人と性行為をするという人たちと自分は違うと思っていて、性的なことに対する自尊心は低かった。（A31・三〇代）

このような「自分は汚れてしまった」「他の人とは違う」「自分に価値が感じられない」という感覚は自己イメージを損なうことです。それに加えて、被害にあった方は、後述するように性暴力後に心身の不調や、自分でもどうにもならない衝動の高まりを体験していました。それもまた被害前の自分とは全く異なることであり、これらの体験を経て、当事者たちは元々の「自分がどういう人間か分からなく」なっていました。例えば、幼いころに性暴力被害を受けた当事者は、性衝動に身を任せていろいろな男性と性的関係を結んでいました。彼女は、幼いころの被害と、今感じている生きづらさの関連が当初分からず、自分は元々こういう人間なんだ、と考えていました。

ＰＴＳＤっていう概念が分かるまでは、とにかくいろいろそういう依存症になったりとか、そういう私自身の生きづらさは、この事件に起因しているとは思ってもみなかったわけですよ。なので、私はなんか性的にだらしない女なのかな、とか、そう思ってみたりとか。（中略）たがが外れたようになっちゃって。私、もともとこういう人なのかなとか、自分で思ってたんですけど。その割には自分の好みじゃない人とばっかりそういうことするな。なんでかな、なんでかなと思ってたんだけど。（Ａ20・五〇代）

＊自分に対するイメージが変化する、「普通」が分断される

性被害にあった当事者は、自分は「汚れてしまった」と感じ、その結果、自分の価値を感じられなくなります。そして、他の人と自分は違う、と思うことに加え、自分が元々どういう人間だったのかも分からなくなり、混乱します。もし幼い時に被害を受けたならば、その後の自分というものを確立していく過程に大きく影響するでしょう。それが思春期、大人になって起こった場合、自分自身が周囲と異なってしまったと考えることで孤立がより強まるかもしれません。

今回のインタビューでは、「普通」という言葉が多くの当事者から語られていました。「周りの人が普通の人って思ってたんですけど、普通の人と自分は違うっていう感じ」(A24・二〇代)、「普通に過ごそうと思って、普通に過ごすように、まあ、何もなかったって思い込みたかったのかもしれないんですけど、まあ、何とか普通に日常を送ろうみたいなふうには思ってましたね」(A22・二〇代)。多くの人がイメージする「普通」、例えば好きな人ができて、交際し、性行為を持つといったイメージから自分が外れてしまった悲しみ、どうしたら元の「普通」の自分に戻れるのだろう、戻りたい、といった苦しさ、自分が周囲の人の「普通」とは違うのではないか、という怯えにも似た気持ちが語られていました。性暴力は当事者たちの「普通」であるはずの日常生活を分断し、本来続くはずである自己の一貫性を分断するものといえるでしょう。

② 《自分を責める》

多くの当事者たちは、「被害にあったことを自分の落ち度」と考え、自責の念を持っていました。それは被害以前に関係があり、逃げ道をふさがれる、説得される、飲酒がある、強要されるなどして相手と二人きりの空間に追い込まれるような「エントラップメント型」被害など、暴行強迫のない状況だけではなく、睡眠時に突然襲われるといったような、抵抗できず見知らぬ人に突然襲われる「奇襲型」被害においても共通して語られていました。

また、性被害にまつわる自分の反応が思いもよらないものであることに驚き、「自分の行動や感情に嫌悪を抱く」ことがありました。

当事者たちは、自分の行動に問題があった、自分にすきがあった、犯人に体を触らせてしまった、などさまざまな理由で自分自身に落ち度があったと考えていました。見知らぬ人から道を聞かれ、その相手から性暴力被害を受けた当事者はこう話していました。

なんか、もう、「案内しちゃった、もう自分が悪かったんだ。あんときあんなことしちゃったから悪いんだ、これはもう、もう自分が悪い自分が悪い」と思って（A17・四〇代）。

道案内を乞われ、教えるといった全く非のない行動でも、性被害にあうことで彼女たちは自分たちの落ち度だと考えます。そして、自分の落ち度であると考えること以外にも、性暴力被害を受けることで当事者たちの中に自責の念を生じる例は多々あります。例えば、加害者が親しく尊敬するような人物だった場合、被害の後に感じる激しい処罰意識に対しても自分を責める原因となったり、行為に対し快感を覚えた、という生理現象に対しても自分を受けいれられない思いを抱くなど、「自分の感情や行動に嫌悪感を抱く」ことがありました。尊敬する上司から飲酒した状態で突然襲われた当事者は、加害者を摘発したことを次のように語っていました。

その、彼を処罰してるっていうことに対して、すごい苦しい気持ちになってました、うん。これはほんとに絶対正しいことだし、間違ったことしてないんだけど、あの、自分の選択なんだけど、もうその、一時はほんとに信頼してた、尊敬してた、目標にしてた人を本気で傷つけるために、何か今行

動してるんだって思ったら。（Ａ14・二〇代）

＊自分を責め続ける当事者たち

このように、当事者たちは自分自身が傷つきながらも、巻き込まれたのは自分の落ち度だと思い誰にも言えなくなったり、今までの人間関係を結果的に損なうことをしている自分自身が正しいのか葛藤したり、性行為についての感情に嫌悪を催すなど自分を責めることがありました。しかしなぜ、これほどまでに彼女たちは自分を責めるのでしょうか。道案内をして被害にあった当事者は、次のように言葉を続けていました。

私のどこかに何か隙があったり、えーと、いけないところがあって、そういう目にあうんじゃないか。人からもそういうふうに言われる。世間もそうやって言う。で、だけど、あの、今はそれですごく傷ついたりとか。（中略）それなのにその性犯罪の被害にあうっていうことが何かすごく、うーんと、何か自分の問題があるんじゃないのかとか。（Ａ17・四〇代）

「人からそういうふうに言われる」「世間もそうやって言う」……。私たちが住む社会には、女性が性犯罪に巻き込まれないためにはどのような洋服を着て、どのような時間に外出し、どのような心構えでいればよいのか、注意を促すような情報があふれています。それを日々目にする私たちは、性被害にあった女性に対して、これらの警告を守らなかった、何か落ち度があったのでは、という目を向けてしまいます。

しかし、本当にその警告文を守っていれば彼女たちは被害にあわなかったのでしょうか。今回、彼女たちのインタビューを聞いて導き出された答えはＮＯです。性犯罪は決して被害者が責められるべきものではないのです。

4 「心と体への影響」

1 《心と体がばらばらで日常生活がままならない》

被害にあった当事者たちは多かれ少なかれ、精神的、身体的不調を抱えていました。「意識が飛び、そこにいる感覚がなくな」ってしまったり、突然「恐怖を感じ」たり、忘れたと思っていたのに「被害の記憶とその時の感情がよみがえ」ったりしていました。そして、すべての当事者に、不眠や食欲不振などの「体と心に不調があらわ」れていました。それに加え、自分を傷つけるなど「自分自身のコントロールが効かな」くなることも語られていました。これらの不調は被害直後から生じるものもあれば、被害から長年たった後に、ふとしたきっかけで突然出てくることもあり、彼女たちを苦しめ、生活を送るうえで大きな障害となっていました。そして、このような状態に翻弄され、当事者たちの中に「死にたい気持ちが続く」ことがありました。

性被害は当事者たちの奥深くまで恐怖をしみこませます。彼女たちは被害を意識する状況ではなくても、倒れてしまったり、普通であればおびえることのない状況で恐怖を感じたりと、日常生活に困難を抱えていました。中学生の時に見知らぬ男性から脅され、性暴力を受けた当事者は、きっかけがあると、突然意識を失って倒れるという体験を語っていました。

結構電車ん中で痴漢とかもあったりして、その頃、なんか、電車で何回か倒れたりとか、なんか、駅員室でこう、なんか、座って休んで、親が迎えに来てとかいうことが何度かあったんですよね。で、なんか、おかしい、まあ、その頃から、なんか、ちょっと思っていて。（A８・四〇代）

ある当事者は、性暴力被害を経験したことで、性的な話題や異性の存在など、被害を連想させる出来事に恐怖を感じ、回避する体験をしていました。

男性が怖くなっていった、一緒に働いてる男の人たちが。で、その、日常的にそういう、結構力仕事も伴ったりする職場だったりするので、そういうのを見せつけられる。（中略）そういうことができるパワーっていうのは、だから女性を組み敷くこと、組み敷いて犯すこともできるパワーなわけですよ。っていう、それをすごい連想してしまうんですよね（A14・二〇代）

そして、被害は当事者たちに大きな後遺症を残します。見知らぬ男から襲われた当事者は、結婚し子どもをもうけ、「もう大丈夫」と思い、被害について長年思い出さなかったにもかかわらず、性的虐待を受けた子どもを支援する仕事中、突然記憶と感情が湧き上がる体験を語っていました。

もう思い出すこともそんなになく、あ、もう全然もう大丈夫って思ってたんだけれども、いざその子たちと向き合うときに、すごく怖くなってしまって。「あ、これ私知ってるやつだ」、しかもその当時の私の年齢の子たちだって思って、(中略)あ、これ、これ、触っちゃいけないやつだと思ってて、どうしよ、どうしよってパニックになっちゃったんですよ。(A8・四〇代)

そして、インタビューに協力くださったすべての当事者が、被害を経験した後、満足な眠りが得られなくなったり、食欲の低下や増加、気持ちの落ち込み、気力の減退などの不調を経験していました。

摂食の問題とか。食べ過ぎたりとか、極端に食べなくなったりみたいに、どっちかに振り切れるんですよ、基本的にその、真ん中でいることはあまりなくて。とか、うーん、不安がすごい強いことかもはまってたり。あとは、うーん、自分あんまり大切に思ってないとかは、(中略)何か、すごい抑うつ的になっちゃうときがあって。もう何もしたくないみたいな。うーん、なっちゃうので。(A24・二〇代)

このようにエネルギーが落ちることもあれば、どうしようもない衝動を抱えることもあります。彼女たちは例えば異性とすぐに関係を持ってしまう、性的衝動が抑えられない、自らを傷つけたい衝動が生じるなど、自分自身のコントロールが効かない状況を体験していました。

そういうのって社会的にまずいなと思うようになって、だんだんやめていきましたけど。それまでは、取りつかれたように、本当に。特に誰でも、特に自分が嫌悪するタイプの人ともできるとかね。（中略）なんの意味があったんだろうと思うんですけど、なんか自分でもそうせずにいられないものがあったんですよね。（Ａ20・五〇代）

特に、性被害にあった当事者で特徴的なのは、自ら不特定多数の人と性的関係を持つ、あるいは金銭と引き換えに性交をするといった、一見すると自分から進んで性暴力の苦しみを繰り返しているように見える行動をとることです。その背景には「尊厳／主体性への侵害」があり、自分に価値がないという思いから自暴自棄になる、何かしていないといられなくなる、あるいはトラウマを過小評価したいという思いになるなど、さまざまな理由が存在します。また、児童期性虐待にあっていたために性に関する認識がゆがんでいる場合や、性暴力にあい、中絶の費用を稼ぐ、貧困から脱するなどのために、援助交際や売春を行う場合もありました。

そして、インタビューの中で当事者たちは「死」について語っていました。手首を切ったり、過剰に薬を飲むなど、自殺したい衝動に身を任せることも語られていましたが、それよりも彼女たちの「死」で多く語られていたのは、「死にたい」のではなく、「消えたい」に近い、日常の中で緩やかに続く死でした。それは事件からどれだけ時間がたっても彼女たちの中に居座り続ける感情です。

やっぱり自分の中では誰にも愛されずに死んでいけばいいって思ってるんですよね。でも、やっぱそういうのって残るんだなって。でも、きっとそれってあの、一四歳のその被害にあったときからきっと自分の中で思ってる思いなんだろうなって、最後にその気持ちが残ったっていうことは。（A13・三〇代）

一人になったら終わりなんじゃないかって思う。どこまでも沈んでいけるからやっぱ死のうってなっちゃうから。（中略）死ねば全部解決するってやっぱ思うから。（A17・四〇代）

＊「消えたい」と願う女性たち

性被害を受けた後、当事者たちはさまざまな心身の不調を体験していました。自分ではコントロールできない状況で意識がなくなったり、恐怖が出てくるとしたら何かをすることが怖くなるかもしれません。そして何より、性被害による深刻な影響は「死にたい」「消えたい」気持ちがあり続ける可能性が高いことです。インタビューの最後、徐々に回復していく過程を話してくれる当事者たちの中でも、この身をなくしたい、という気持ちを持ち続けていた方もいました。ある当事者はこのように語っています。「拒食症みたいな感じだったと思うんですけど、本当ガリガリんなっちゃったんですけど、なんか小さくなりたいっていう、なんかよく分かんない」（A15・三〇代）。

彼女たちの中にある「死」は、常に隣り合わせにある、何かきっかけがあれば引っ張られるような吸引力のある「死」です。なぜ性暴力被害者がこのような状態になるのか、そこには「自己イメージの変化」が大きくかかわっていると考えます。人が不調から回復する場合、元の元気な自分をイメージしながらそれを足掛かりにして回復していきます。しかし、性暴力被害の場合はこの回復のゴールである自己イメージが損なわれるのです。そして、性被害による不調がより深刻となる要因としては、原因について誰にも語れず、一人で抱え込みやすく、支援につながりづらくなることです。その結果、不調からの回復が遅れ、常に死を意識し続ける状況が続きます。

＊自尊心の低下と人生への影響

　ここまで、性暴力を受けたことによる《自己への影響》として「自分を責める」「自分に対するイメージが変化する」、《心と体への影響》として「心と体がばらばらで日常生活がままならない」の分析結果を示しました。これらの影響は互いに関連しあいます。例えば、心と体がばらばらになり、日常生活がうまく営めなくなれば「自分はこんな状態でしかいられない」という自己イメージの変化をきたし、それによりますます自分を責めるようになるかもしれません。そして、その自己イメージの変化は更なる心身への不調へとつながる可能性も秘めています。性暴力を受けるということは、否応なくこの悪循環の中に当事者たちを突き落とすことなのです。この循環の中、当事者たちは徐々に自尊心を低下させていきます。そして、《自己への影響》、《心と体への影響》は、当事者たちの人生にも大きな影響を与えていました。

5 「人生への影響」

1 《周囲と自分の間に壁ができる》

「自己への影響」「心と体への影響」は当事者の人生にも大きく影響を及ぼします。自分のイメージが変化することにより、自分と周囲に越えられない壁を築くことになったり、心身の不調により穏やかな人間関係を築くことを妨げられ、結果として周囲からの孤立を招いていました。

これは、幼いころから継続的に性的虐待を受けていた当事者の語りです。

> やっぱり特に異性関係、ってか、まあ男性、お付き合いですかね。別に異性、男性ともお友達には普通になれたり、職業柄触れることが、人に触ったり触れたりとかする機会が多いので、そういうのも抵抗はないんですけど、特に恋愛とかで深い、深く付き合えないっていうか距離を保ってしまったり。（A24・二〇代）

このように、異性、加害者と同じ性別の人との関係において、望まない性交を経験したことで性的関係への忌避や、不信感や恐怖心が生まれ、他者との親密な交際関係を築けなくなったり、性暴力被害の影響で恋人との関係が破たんするといったことが多く語られていました。そして、人間関係への影響は、異性だけではなく、同性や友人との関係にも及びます。ようやく自分の体験を同性に話せたとしても性暴力の経験自体が理解されないこともあれば、自分の不調を含めた変化が友人にとっては受け入れがたく、離れていくことなどが語られていました。

なので、やっぱ（高校生くらいだと）セックスっていう経験をしてる人が少ないんですね。だから、（友達に話しても）全く分かってもらえないんですよ。なんかあの、世間話みたいな感じに、へえみたいな感じで終わってしまって、全然理解されないんだなって、その、自分のつらさってって思って、あの、私それで女の人がすごく苦手になったんですよね。（Ａ13・三〇代）

そして、性被害を受けることは、世間での性暴力に対する認知に初めて触れる体験をもたらします。例えば、同じ活動をしていた同志ともいえる関係の男性から性暴力を受けた当事者は、次のように語っています。

恐ろしい罪を犯したと私はそのとき思った。だから、はっきり強姦だ、ひどい罪で、彼の政治生命はもうないというふうに思ったんですけど、何かそうでもないっていうか、世間の受け止め方はそんなことはないんだと。（Ａ４・六〇代）

性暴力は必ず断罪されるもの、とこの女性は考えていました。しかし、彼女を取り巻く人々の間では、その認識はありませんでした。実際は罪に問われることもなく逃げおおせた加害者に対し、彼女は周囲の人、世間との温度差を感じていました。

[2]《未来が制限される》

そして、もう一つの人生への影響として「未来が制限される」ことが挙げられます。性暴力被害を受けた当事者は、不意に訪れるコントロール不能な心身の不調に加え、人との関わりが困難となることがあります。それにより、本来進むはずだった就職や就学にも影響を与えていました。

（性被害による）対人恐怖がきっかけ、で、授業中とかさっさと課題終わらせて、すごい居眠りするようになっちゃったりとか。寝てる間は何も考えないで済むので。（中略）もともとの志望校、違うとこだったんですけど、結局、人怖くなっちゃって、勉強どころじゃなくなって、結構レベル下げてますし。（A24・二〇代）

＊孤立する当事者たち

性暴力は当事者たちの人間関係に広範な影響をもたらします。異性との関係においては、彼女たちは尊厳が奪われ、男性への恐怖や、人との境界が分からなくなる感覚、健全な関係性、リプロダクティブヘルスといった領域の問題が生じ、人生を共に生きるパートナーとの関係にも大きな影響を及ぼしていました。しかし、その影響は異性との関係のみならず、同性や友人関係にも及びます。一番支援が必要な状態、時期において、むしろ被害者を孤立させてしまうのも性暴力被害の大きな特徴といえます。そして、心身の不調や対人関係の恐怖から志望校をあきらめたり、元々通っていた大学を退学せざるを得なくなったりといった、人生を変えうる影響を及ぼしていました。

おわりに

今回の調査を通じて、被害者は性暴力を受けたことによる心身の直接的なダメージだけではなく、その後の人生にわたって大きな影響を受けることが明らかになりました。性暴力被害を受けることで、自分自身の尊厳や主体性が奪われ、自分がどのような人間であるか、という人生の指針となるものが失われます。そこにコントロールが困難な心身の不調が加われば、ますます自己が損なわれていくように感じることは想像に難くないと思います。それはまるで嵐のように当事者たちに訪れ、日常生活を破壊していきます。意識が飛ぶ、突然訪れる恐怖におびえる、十分に眠れない、食事がとれない……自分の体がコントロールの利かないという状況は、そこにいることさえ精いっぱいかもしれません。そして、ふと横を見るとそこにはこの苦しみから解放してくれる「死」という選択肢があるのです。

このような苦しみの中にいる彼女たちに周りの人たちは何ができるのでしょうか。

今回のインタビューでは、性被害を語るまでどれほどの勇気を必要とするのか、そして語ったとしても支援されずに孤独な戦いを強いられることがどれほど多いのか、浮きぼりになったと感じています。未だ性被害は被害を告白することをためらう犯罪です。彼女たちが口をつぐむ一因として「被害を受けたのは被害者にも落ち度があるのだ」という社会の目があります。まずはその認識を変え、彼女たちが安心し、かつ安全に過ごせる環境を提供することが第一歩です。

たとえ被害を受けたとしても回復できること、「自己への影響」「心と体への影響」「人生への影響」の各段階で影響をより小さくとどめるために、被害者を取りまく環境がどうあるべきか、今回インタビューに答えてくれた女性たちは教えてくれました。

まずはこれ以上性暴力被害にあう方を生み出さないために、そして万が一被害が起こってしまったとしても、当事者の苦しみを理解し、人生にも及ぶ影響を最小限にとどめるために、どのような仕組みを作っていけばよいのか、この貴重な語りをもとに今後も考えていく必要があります。

（松本衣美）

【引用文献】

Devries, K., Mak, J.Y.T., Child, J.C., Falder, G., Bacchus, L., Astbury, J., Watts, C.（2014）Childhood sexual abuse and suicidal behavior: a meta-analysis. Pediatrics, 133（5）; 1331-1444.

警察庁（二〇一八）「平成二九年度犯罪被害類型別調査報告書」

WHO（2013）Department of Reproductive Health and Research, London School of Hygiene and Tropical Medicine, South African Medical Research Council; Global and regional estimates of violence against women: Prevalence and health effects of 12 intimate partner violence and non-partner sexual violence.

第9章　援助希求と周囲からの承認——悪いのは、加害者

はじめに

この章では、被害にあった人が自分の身に起きたことを、誰かに相談した・相談できた場合と相談しなかった・相談できなかった場合の要因について考えてみます。そして、被害にあった人が安心して相談でき、必要なサポートを受け取れるようになるための提案をしたいと思います。

前章では、性暴力被害の心身の影響として、身体や精神の不調だけでなく、自己や人生に深刻な影響を及ぼす様をみてきました。中には日常生活を営むことが難しくなり、将来の夢や希望を奪われたように感じ、一人では太刀打ちできない状況に陥る人もありました。このような辛く、苦しい状況にあれば、人は誰かに助けを求め必要なサポートを受けると思われがちですが、性暴力被害を受けた女性のうち、誰かに相談できた人は四割弱に留まるという調査結果もあり、被害当事者が他者に助けを求めることは簡単ではないことが分かります（内閣府、二〇一八）。

私たちの調査では、インタビューに協力してくださった三一名（四一件）のうち、出来事について誰にも話していない件数は五件（一二・二％）だけでした。それ以外の三六件（八七・八％）は何らかの形で他

者に打ち明けていました。内閣府の調査（二〇一八）では四割弱ですから、ずいぶんと差があります。これは、私たちの調査では、当事者および支援者団体からの紹介やインターネット等によって協力者を募っており、被害経験を他者に伝えることに関心を持ち、意味があると思っている人が集まったためと思われます。

しかし、誰かに話した三六件を詳しくみると、被害にあってすぐに誰かに話した人は七人おり、そのうちの三件は襲われている最中に周囲が助けに入っています。加害者が去った直後に自ら助けを求めてすぐ行動に移したケースは四件（九・八％）のみでした。あとの二九件（七〇・七％）は、だれかに被害を打ち明けるまでの期間はさまざまで、数日〜数週間という人から、数カ月、時には数年、更には何十年もかかった人もいました。ということは、その間は誰にも被害を相談せずに一人で悩みを抱えていたということです。この章では、誰かに相談した・できた人々が、一人で悩みを抱えていた期間に何が起こっていたのかについても触れたいと思います。

1　話した・話せた相手

被害当事者が誰かに相談した・相談できた時、話した相手はどのような人だったのか、表9-1にまとめました。これをみると、当事者は個人的につながりのある人に相談していることが分かります。親やきょうだい、配偶者や（元）恋人といったパートナー、友人やサークルの仲間、知人などの身近な人が多く挙げられています。会社の上司や同僚、学校関係者が入っているのは、出来事の影響によって勉強や仕事がいつも通りにできなくなった場合、理解を得て配慮してもらう必要があるためです。

その場に居合わせた人というのは、出来事が起こっている最中に助けを求め、あるいは抵抗した際の物音で気づいて介入してくれた人です。加害者とその家族とは、被害後、被害当事者が加害者やその家族に

表 9-1　被害にあったことを話した・相談した相手

家族 14	母親・親	11
	子ども	1
	きょうだい	2
パートナー 15	婚約者・夫	9
	（元）恋人	6
知人・友人 19	友人（男女）	14
	仲間	3
	知人	2
会社 9	同僚	5
	会社・上司	4
学校 7	大学の先輩・OB	4
	学校・大学	3
その他 5	居合わせた人・近所の人・大家	5
加害者関係 3	加害者・加害者の家族	3
司法関係 20	警察	10
	弁護士	8
	法テラス	2
専門家 31	医療機関・医師	16
	カウンセリング・カウンセラー	15
被害者支援団体 9	性暴力被害者支援団体	4
	当事者団体	3
	被害者支援団体	2
その他の相談機関 9	電話相談	4
	男女共同参画	1
	DV シェルター	1
	子育て支援団体	1
	児童相談所	1
	就労支援	1

真意を確かめたもので、加害者が知り合いだった場合に限るものでした。

専門機関、専門家では、警察・弁護士・法テラスといった司法・法律の専門家、医療機関の医師やカウンセラーなどのメンタルの専門家、性暴力ワンストップセンター、被害者支援団体、当事者団体、そしてその他の相談機関があがりました。

興味深いことに相談相手を家族・会社・学校等の個人的な関係にある身近な人と、警察・医療・相談機関などの専門機関に分けてみると、どちらも七〇件前後でほぼ同数でした。被害当事者が相談する相手の半分が、非専門家の身近な人々であるという点は重要です。

2　話した・話せた理由

被害当事者はどのようにして、被害を打ち明け相談できたのでしょう。当事者が被害性を認識し、必要なサポートにつながるまでのプロセスを図９-１に表しました。

＊一一〇番通報

被害者の助けを求める声、あるいは物音に周囲の人が気づき、一一〇番通報を行った場合を見てみます。この場合、屋内外にかかわらず加害者は見知らぬ人でした。ほとんどが奇襲型ですが、屋外のエントラップ型もあります。未知の者による奇襲は誰にとっても犯罪と認識しやすく、その時点で迅速な一一〇番通報がなされていました。

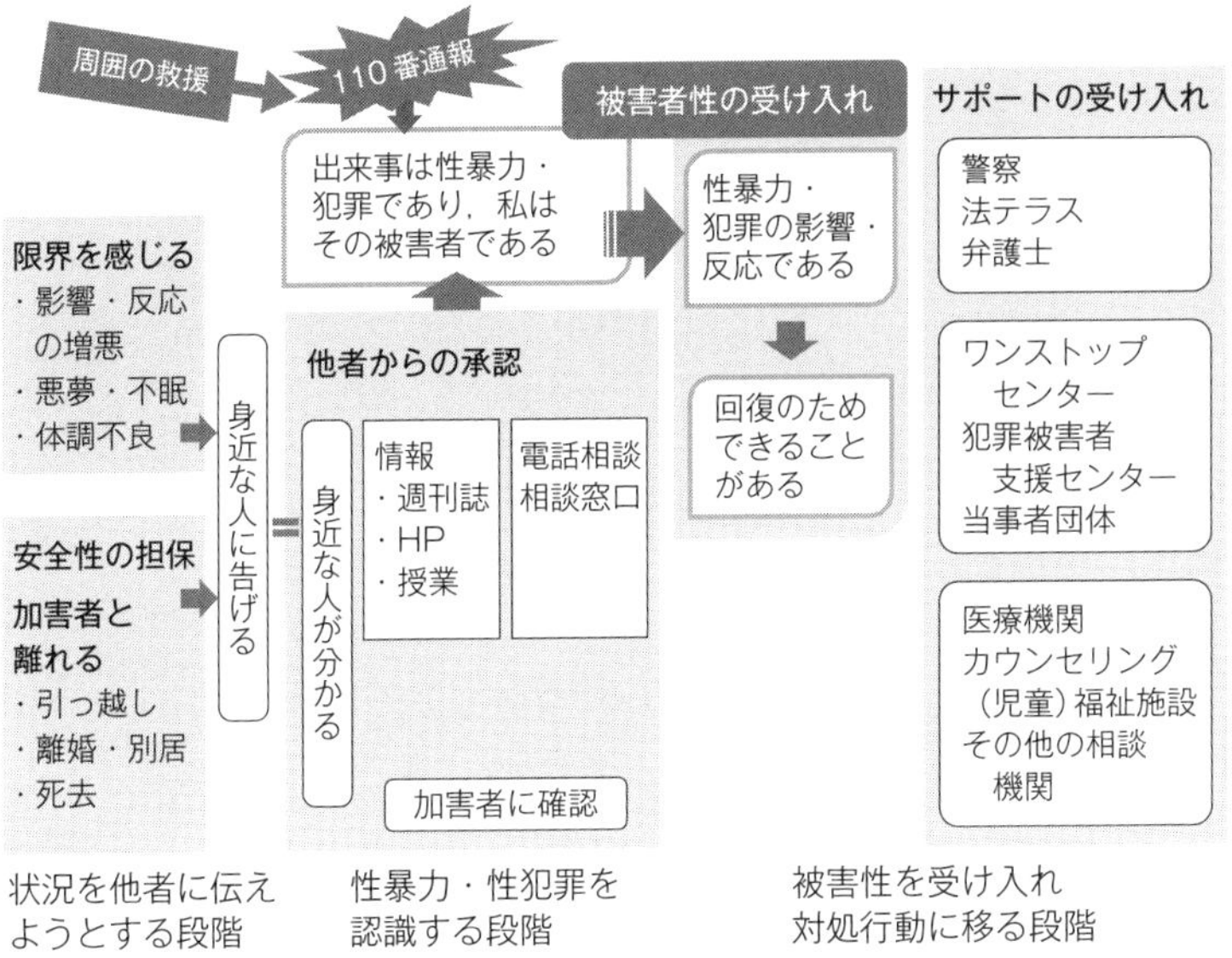

図 9-1　支援者・支援機関につながるプロセス

被害当時者が自分で一一〇番通報した例では「知らない人が入ってきたんです。で、もうスローモーションで、こう、飛び降りてくるような感じのところから私には見えていて、え？　と思って（Ａ９・三〇代）」と語っている場合などがあります。この方は、見知らぬ人が不法侵入する姿を目撃した直後、暴行を加えられており、事件性が明白です。意を決して大声で叫び続け、犯人が「来た窓から、ばって逃げていったんですけど、それを私は目視で追いながら、警察に一人で電話」しました。迅速な通報を行った理由について、Ａ９は仕事上、緊急時にも冷静に判断し、行動する訓練を受けていたからと振り返っていました。

しかし、事件性が明白な場合でも一一〇番通報に若干の時差が生じることもあります。Ａ17では、夜道を襲われ大声で助けを求めたところ、近所の人が気がついて介入、犯人は逃亡します。興味深いことに、近所の人は一一〇番通報については被害当事者の選択に任せました。「どうしますか。大丈夫ですか。警察呼びますか。呼ばない方がいいですか」「呼んでください」というやり取りの後に一一〇番通報がなされました。

また、Ａ27は自宅に忍び込まれた犯人によって襲われました。Ａ27の必死の抵抗にあった犯人は慌てて逃走しますが、その後、Ａ27はどうしていいか分からず知人に電話をします。知人は隣人に助けを求めるよう指示し、隣人の「警察に連絡したの？」という問いかけに「あっ、してない」となって、それぞれが一一〇番通報するに至りました。

ちなみにＡ17の事件では、もう一人居合わせた人がいましたが、Ａ17の助け声があまりに必死だったため「助けてって聞こえるんだけど、怖くて行けない」と家族に電話をかけてしまったというエピソードが聞かれました。居合わせた人にとっても一一〇番通報は簡単ではないのです。

＊被害性の受け入れ

ある程度の時間が経ってから、どこか（誰か）に相談できた場合ですが、まず、被害の影響が大きくなり、一人で抱えることに**限界を感じ**、**身近な人に告げた**、**あるいは身近な人が分かった場合**、加害者の死去や離別等によって、物理的な**安全性が担保**され、初めて周囲に打ち明けることができ、他者に話した結果、被害性を認識できた場合があります。

また、インターネットやニュース、週刊誌、書籍や授業等から性暴力に関する**情報**を得て、あるいは**電話相談**などを通して、自分は被害者なのだと気づくプロセスがありました。**加害者**が知人だった場合、あれは何だったのか、どうしてそんなことをしたのか加害者やその家族に直接問いただすことで、このプロセスが進む場合もありました。

いずれにせよ、自分自身に降りかかった出来事は、**性暴力・性犯罪**であり、その影響によって、さまざまな反応が起こり、生きにくさとなっていたと気づきます。そして、**被害性を受け入れ、回復のためにできること**を探して、専門・支援機関につながり、**サポートを受ける**という流れとなっています。

【安全性の担保——加害者と離れる——】

加害者が身近にいる場合、加害者の死去や両親の離婚等で、物理的に加害者と離れたことで、初めて誰かに話すことができたというものです。そんなに大変な目にあっているのにそれまで誰にも話さないでいられるのかと読者は不思議に思うかも知れません。これは、加害者と同じ生活圏で暮らす被害者が生き抜くために出来事を意識から切り離していた、あるいは加害者の報復を怖れて話したくても話せなかったためと思われます。Ａ２は、初めて被害を家族に話した時の様子を次のように語っています。

（母親の）顔とかあんまり覚えていないんですけれども、ものすごく、仰天した雰囲気を覚えている。すごくショックを受けている、そのー、晴天の霹靂みたいな。なんか、ほんとに雷が落ちた人ってこんな感じかなって。で、すっごいびっくりした母を見て、「あら？　なんかこれは、すごい、そのくらい大変なことなんだ」と思ったわけ。（Ａ２・四〇代）

Ａ2は実父から性虐待を受けていましたが、両親の別居（のちに離婚）をきっかけに母親に「○さん（父親の呼び名）は私の体を触っていた」と率直に告げることができました。その話を聞いた際の、母親の尋常ではない様子を目の当たりにして、出来事の重大さに気づきます。

また、Ａ28も父親から継続的に性的虐待を受けていました。

　自分の学部、学科とはちょっと違うところだったんですけども、別に単位にはなるので、やっぱり自分の興味関心がすごくあったので、出てみたときに、あ、これは自分はされてたことだったたんだっていうのは、たぶん思ったと思いますね。そうですね、父が亡くなったのがやっぱりきかっけっていうか、（中略）もしかするとどこかで安心になったのかもしれないですね。うん、それは悪いことだったんだって、思っていいんだっていうのが出てきたのかもしれないです。（Ａ28・三〇代）

Ａ28は当時、不眠症という問題を抱えていましたが、身体的な不調が被害の影響であるということに気づいていませんでした。加害者が亡くなった状況で、虐待に関する情報を手に、徐々に自分の被害者性に気づき、最終的には病院で治療を受けるようになります。

【他者からの承認――情報――】

Ａ12は、小学生の時に週刊誌を読み、自分の体験と週刊誌の記事が同じだと気づいて、虐待の認識を持ちました。

歯医者に通ってた時に、その何かもう、待合室で待ってて、読むもんがなくなっちゃうんですよ。で、まあ、女性の週刊誌を見たりもすることがあって、そこには性的虐待の記事がたまたまあったんですよね。だからそれを見て、（中略）そこで気付いたんですよね、はい、それを見て。（聞き手：どう思ったんですか）何かとにかく、その書いてあったことが、初めが「お父さん、やめて」だったんですよ。（聞き手：ああ）それで、私もそうなんだけどみたいな感じで。（中略）やっぱ確信したのはそこだったんでしょうね。（Ａ12・三〇代）

Ａ12はその後、保護を求めて積極的に児童相談所を頼るようになりました。

また、Ａ11は「セクハラの定義」を知ったことによって被害認識を持ちました。「インターネットでセクハラを調べて、あの頃どう考えてもセクハラだわって。だからやっぱり動きやすかった。すぐ動けたっていうのは（あった）」と話しています。インターネットの情報と照らし合わせることで、自分が受けていることがセクハラだと認識でき、早めに周囲に相談し対処することができました。このように被害にあった時は出来事の性質が何であるか分からなくても、後から正しい知識と情報に接することによって、自分の体験が性暴力の被害であるという認識を持っていました。

【身近な人に告げる】

つづいて、誰にも言えず一人で抱えていた悩みを、身近な人が気づいた、あるいは身近な人に話すことができた時、被害当事者はどのような経験をしていたかみてみましょう。

これは何か、何が何だか分からないんだけど、何かやばいことが自分に起こったと思って、その女性に会いに行ったんですね。で、その女性がまあ聞いてくれて、「あなた、それは強姦よ」ってその人が言ってくれた。それまで私は分からなかった、そういうあれは。（中略）それで、その方が、あの、一生懸命本を調べてくれて、で、その本に相談機関が載っていたんですね。（中略）次の日に、電話をくれて、「やっぱりあなたが心配だから婦人科に行っておいたほうがいいんじゃないかと思って」って言われて、私はその時、アパートで、もう一人、こう、うずくまって、こういう状態でいて、その電話に出るのもやっとで、でもその人にそういうふうに言ってもらわなければ、私はどうなっていたか分からないっていう状態だったんですね、アパートで。（A21・四〇代）

A21が会いに行った女性は相談にのり相談機関を調べただけでなく、その後も考え続けて翌日に「やっぱりあなたが心配だから」と受診を勧める電話をかけています。一人孤独に震えていたA21ですが、女性の一歩踏み込んだ関わりによって、身に起きたことの理解が進み、医療的ケアを受けることができました。

【電話相談】

何でこんなに苦しいんだろうみたいな感じで電話（相談に）かけてたら、昔の体験が出てきたみたいな。（中略）聞いてくれたことが、三時間とか、それを何日も繰り返し聞いてくれるとか。（中略）お昼休憩も取らずにっていう、すごい親身になって聴いてくれる人だったので、結構依存的というか、二〜三日の間だったんですけど、すごく人生の中で一番いい人に巡り会えたなみたいな感じ。聞いてくれる人にやっと巡り会えたなみたいな感じだったと思う（Ａ５・三〇代）

Ａ５では同じ相談員が何時間も、二・三日にわたって話を聞くという密度の濃い寄り添いがありました。電話相談はシステム上、相談員を指名できないことが多いものです。それは、かける側と受ける側のどちらも氏名を明かさないことで匿名性を担保しているからです。Ａ５は電話相談の限界を超えて「人生の中で一番いい人に巡り会えた」と思える出会いを経験します。複数日にわたって同じ相手に人生に起こったことを話し、初めて話したことをきちんと受け止めてもらえたと感じました。この経験はその先の支援を受ける突破口となったのでした。

【身近な人が分かる】

被害当事者の訴えは、親しい友人や家族に対して生活の延長線上に現れることがあります。友人や家族が彼女達の訴えを正面から受け止めた時、専門機関につながるような具体的なサポートが行われていました。

Ａ30は被害から一〇年後には、出来事が起こった場所から遠く離れて生活していました。それにもかかわらず、フラッシュバックに苦しみ、死にたい気持ちが高まっていました。ある友人にその気持ちを伝えたところ次のようなメールを受け取ります。

「ここに電話をして。あなたは、そのままではいけない」みたいな感じで。で、レイプクライシスのリンクが貼ってあって。「誰か、必ずね、いいところに、どこかにつなげてくれるはずだから、必ずここに電話をするのよ」とかって。で、あの、「私もいつでも話は聞けるけど、絶対専門家のところに行ったほうがいい」と言って。で、紹介してくれて、何か、コンタクトを取ったのがきっかけ。（Ａ30・三〇代）

強い希死念慮に苦しんでいたＡ30にとって、この友人の後押しが専門的支援を受けるきっかけになりました。また、本人よりも家族が、行動に現れている意味に気づくことがあります。

悪夢をもうすごく見るので、毎晩叫んで起きるんですね。自分の叫び声で起きて、で、ああ、違うって思ってまた寝るみたいな。（中略）主人が、あの、その時、もう結婚してですね。結婚して、あの、私は話したがっているって。やっぱりその、自分の経験とか思ってることとかを話したがってるからっていうので見つけてくれたんですね。「カウンセリングをやってくれる病院を見つけたから行こう」って。（Ａ13・三〇代）

こうしてA13は結婚から半年後に夫の勧めで医療機関を受診します。注目したいのは、「話たがっている」から「カウンセリングをやってくれる病院を見つけ」て受診を勧めるという、一歩も二歩も踏み込んだ関わりです。その後、A13は投薬治療を受けて眠れるようになり、カウンセリングも開始して回復の道を辿り始めました。

このように、支援者は専門家・非専門家にかかわらず、直接あるいは間接的に打ち明けられた内容を受け止め、情報を調べて確実に手渡していることが見て取れます。

このように自らが体験した出来事が性暴力であると認識すると、現在の窮状は性暴力・性犯罪の影響であったと気づきます。この状態を何とかするために、回復のためにできることがあると分かると、被害当事者は、必要であれば専門機関のサポートを受ける段階へと移行していきます。

3　話せなかった理由

では、被害を誰にも言えずに一人で抱えていた間、被害当事者はどのような体験をしていたのでしょうか。今回のインタビュー調査では協力してくださった三一名（四一件）のうち、二九件（七〇・七％）は被害後しばらく経ってから他者に打ち明けていました。その期間に長短はありますが、他者に被害を打ち明けず（打ち明けられず）にいた期間に注目して、相談しない・できない理由と相談しやすい環境について考えてみたいと思います。

図9-2に、支援者・支援機関とつながらない要因を示しました。まず、被害認識を疎外する要因として、被害性の認識がなく、自分の体験した出来事が性暴力だと**考えつかない**、**分からない**という要因があります。この要因は**知識・情報の不足**であり、性暴力に関する心理教育や**広報啓発の課題**といえます。続いて、警察や交番、支援機関が身近にないという**物理的手段がない**です。特に、当事者が幼い子どもの場合、自力で支援者や支援機関にアクセスできるかどうかは大きな問題となります。成人であっても、混んでいて電話がつながらない、予約が取れないという状況があります。勇気をもって行動を起こしても、**地域資源・人材の不足等**から被害者と支援機関がつながらないという現状は憂慮すべきことです。

また、誰かに話しても取り合ってくれない、どうにもならない、匿名性が守られないだろうなどの**信用できない**という要因があります。恥ずかしい、口に出してはいけない、自分が悪い、口に出すのも嫌などの理由から**言ってはいけないと強く思う**という要因がありますが、これは**文化・習慣によるタブー**を下敷きにした要因といえるでしょう。また、生活に精一杯の親をみて、迷惑をかけたくない、家族の具合が悪くなってしまうかもなどから、**心配かけたくない**とする要因もあります。**言わないことで身を守る**――**本人のかじ取り**――は、状況が良いとは言えない環境にいる被害当事者がこれ以上の事態の悪化を防ぐために、言わない選択をすることを指します。次項からいくつかの要因の詳細をみていきます。

【心配かけたくない】

心配かけたくないという要因は、相談すると相手の負担になってしまうため相談できないとするものです。

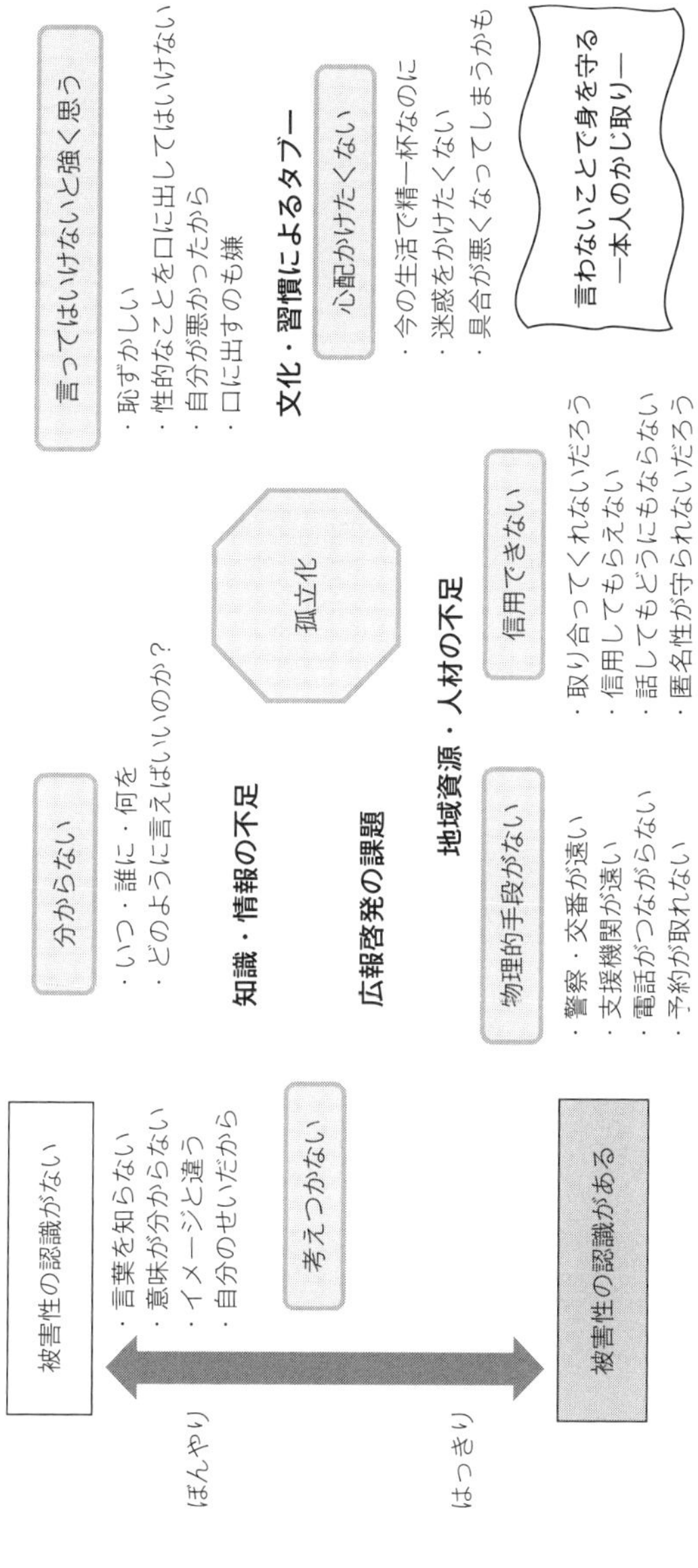

図 9-2　支援者・支援機関とつながらない要因

とにかく付いた泥とか落とさないと、うち帰ったらみんなびっくりしちゃうからと思って、足を洗って、足を洗ったんですね。足を洗ってて気が付いた。血が流れてたんです。太ももに。太ももの血を洗って、これは大変だ。こんな血見たら、お母さんが卒倒しちゃう。本当、そのことしか考えてなかったです。お母さんが、お母さんに怒られる、お母さんが心配しちゃう。そればっかり。（中略）下の肌着がもう真っ赤だったんですよ。これはもう見せちゃいけない。誰にも見せちゃいけないと思って、（中略：下着を分からないように捨てて）なんにもなかったふりをして帰ったんですよね。（Ａ20・五〇代）

Ａ20は当時、小学生でしたが、母親が入退院を繰り返しており、普段から母親に負担をかけないように生活をしていました。そのため、性暴力被害にあった際も真っ先に考えたことは、母親に心配をかけてはいけないということでした。また、Ａ22は高校生の時にレイプの被害にあいながら、体調の優れない家族を思い、被害を伝えることを控えました。そして当時を振り返って次のように語りました。

何かやっぱり親以外のちゃんと信用できる大人がいたら相談、その人に相談して、その人に言われて、その人に付いてきてもらって警察行ってたかなと思うんですけど。まあ、いなかったですね。（中略）そうですね。お母さんも何か具合悪そうだしみたいな。（聞き手：お母さんって具合悪かった？）そうですね。何かメンタルがあんまり強くない人で、そのときも何か病気してて。鬱《うつ》だったか、そんな感じで。（聞き手：なるほど。親御さんにこのことが知られたらどうなる（か）なって思いました？）多分またおかしくなって、仕事とか行けなくなるんだろうなっていうふうには思いましたね。（Ａ22・二〇代）

この語りにあるように、信用できる相談先があると知っていたら、一人で悩みを抱えずに済んだかもしれず、どうしたら必要な人に情報を届けられるのだろうと考えずにはいられません。

A5は小学生の頃から、近くに住む成人男性から繰り返し性暴力の被害にあっていました。当時、A5は家族から十分な養育を受けられる環境になかったため、犯罪にあったと親に告げたら、今よりずっと悪い事態になると考え、話さずにいることで身を守ろうとしました。そんなある日、学校で相談機関のカードを手にします。

子ども一一〇番みたいなカードが、被害中にも配られてたんですけど、そこは、具体例が後ろに書いてあって、性犯罪被害とか犯罪被害については書いてなかったし、匿名性が保たれるとは書いてなかった。だから、匿名性が保たれないってことは、母親が激怒するとか、母親が出てくることが考えられるから、相談できないっていうことがあって、できなくて。（A5・三〇代）

子ども一一〇番というと「子ども一一〇番の家」があります。子どもが何らかの被害にあった、あいそうになった時、子どもを家の中に入れて保護し安全を守るボランティア活動のことです（警察庁「子ども一一〇番の家地域で守る子どもの安全対応マニュアル」より）。また似た名称に、「子どもの人権一一〇番」があります。こちらはいじめ、体罰、不登校や虐待といった、子どもの人権をめぐる問題をいち早くキャッチし相談を受け付けるための専用電話（法務省人権擁護局「子どもの人権一一〇番」HPより）を指します。今となってはA5が手にしたカードが何を指すのか分かりませんが、いずれにしろ相談機関にSOSを発信する絶好のチャンスでした。しかし、そうはなりませんでした。身近な大人が加害者となって立ちはだかる、そんな状況にいる子どもに対し、私たちはどのようなアプローチを取ればよいのでしょうか。ここにも重要な課題があります。

【性的なことを口に出してはいけないということ】

一般的に、性的な事柄は人に言いにくい、話してはいけないと思っている人は少なくないでしょう。ごく普通の家庭に育ったA8は、子どもの頃から、そのように思っていました。そのため、性暴力にあっても話すという発想がなかったと言います。

普通にしなきゃと思って、何もなかったようにしなきゃいけないと思って。で、多分、帰ってすぐお風呂に入ったと思います。（中略）絶対言っちゃいけない、話しちゃいけないみたいな。（中略）これはもう、自分が悪い自分が悪いと思って。（中略）絶対、死ぬまで人には話しちゃいけないことだと思って。誰かに話そうとも思わな、発想がなかったって。（中略）性的なことって、絶対口に出して言っちゃいけないこと。（A8・四〇代）

性的なことは口に出してはいけない、恥ずかしいという文化・習慣では、逆の見方をすると性的な関係にあるパートナーには話せる・話してもいい、ともいえます。そのため、性暴力は性的な話題であるがゆえに、パートナーになら話せる場合があります。

「実は前にもちょとっと話したけれど、こういう被害に昔自分があったことを、話したと思うんだけど、ちょっとまた今ちょっと苦しくなちゃって、今そういう勉強会とか、自助グループとかに通うようになったんだ」って（夫に）話したのは割と最近。（中略）でもその夫に話せたことが、もうやっと、なんか最後の一個の荷物を降ろせたっていう感じがして。（中略）（聞き手：いかがですか、話して）すごくこう、理解してくれたと私は思ってるんですけれど。「あ、そういうことだったんだね。うん、じゃあ、もうどんどん行ってきなよ」みたいな。背中押してくれて。ほんと楽になりました、うんうん。なんか、堂々と出かけられるようになったことが一番楽ですね。（A８・四〇代）

（後の）主人と出会って友達だった時に、やっぱ主人にも、その話をしているんですね、当時。そのとき主人が「それってレイプじゃない？」って言ったんですね。それで、ああ、これってレイプって言うんだって自分の中で思って。それまではよく分からない嫌なことをされたっていう感覚、感じだったんですけど、（中略）犯罪なんだっていう感覚が、うん、芽生えました。（中略）よく分からない気持ちが、そういう大きい名前の付くものなんだっていうのはやっぱ安心したし、やっぱ人から言われなければ多分ずっと気づくことはできなかったと思います。（A13・三〇代）

Ａ８は夫に伝え、理解と協力を得たことで、安心して出来事と対峙できるようになりました。Ａ13は被害性を意識するきっかけを作ったのは、後にパートナーとなる夫との会話でした。性行為を含め、生活のさまざまなことを共有するパートナーから理解と協力が得られたとき、当事者にとって大きな支えとなりえます。

【言わないことで身を守る――本人のかじ取り――】

最後に、**言わないことで身を守る、本人のかじ取り**について取り上げたいと思います。被害を他者に言うことで、今よりも状態が悪化することが見込まれる時、被害当事者は最悪を避けるために言わない選択をします。例えば、親の虐待が一層激しくなる、夢の実現に向けて始めたことを諦めざるを得ないなどです。

私は自分の両親には当初言わなかったんです。友達にもほぼ言わなくって、ええと、とにかく、自分……が、この街を離れる、ということを完了するまでは言えない、と思ったんです。離れることが自分を守ること、というか、その、コントロール感を取り戻す？　大学を一回入ったのに辞めるっていうのは、キャリアを一回、白紙にするっていうことだし、その、自分の未来が脅かされる、奪われようとしてる、っていう感覚がすごくあったので、自分でその道筋をつけるまでは、誰かに言うことがすごくデメリット……そうですね、誰かに言うことが、自分に襲い掛かってくることになるなっていうことを感じてたので、うーん、東京に引っ越してきてから、母親に言いました。（A1・三〇代）

「なんで家帰んない」「とにかく家、帰んなさい」みたいな。「家出てるあなたが悪い」みたいな感じだし。そうやって責められてると、多分そこで「性暴力にあったよ」とか言っても、「ほらね」みたいな話に。「そういうことしてるから、そうやって巻き込まれちゃうよね」みたいな感じになるんだろうなっていうのは、すごい一六～一七（歳）ぐらいでも容易に想像できたから。これ以上傷つかない方がいいみたいな。ある意味、自分を守る方法だったのかなって思いますよね。言わないっていう選択は。（A３・四〇代）

私の気持ちっていうより、母親の気持ちを大事にしたい方が強かったと思います、多分。あ、自分も（家族）ばらばらになりたくなかったのかな。でも母のことは多分いつも考えてましたね。もう、ばれたら何か殺されちゃうまでいかないですけど、そこまでは考えなかったですけど、もっと暴力がひどくなるとか、そういうのは思ってたかもしれないですね、うん、母親に対して、うん、うん、そうですね。（A12・三〇代）

A１は夢の実現を諦めないため、A３は家庭が複雑で家出をしないではいられなかった高校生時代に、これ以上自分が傷つかないため、A12は母親に対する暴力が酷くならないようにするために被害を言わないことを選択していました。現在においても、性暴力・性犯罪の被害者をサポートする体制が十分とは言えませんが、被害当事者が出来事を体験していた頃は、おそらく受け皿がもっと少なく、周囲の認識も浅かったと思われます。そのような状況において、だれにも話さずに一人の胸にしまっておくことが自分を守る唯一の策であった可能性は否定できません。ましてや被害当事者が人生経験の浅い子どもであった場合、そのように思ったとしても無理もないことです。実際、そうして身を守った結果として今がある（目の前でインタビューに応えている）のです。被害当事者がとった行動（＝言わないことで身を守ること）は、逆説的ではありますが、状況をコントロールしようとして行った能動的な行動といえるのではないでしょうか。しかし、被害当事者が言わない選択をした結果、性暴力が繰り返されてしまう事態は防がねばなりません。支援対策を考えるときは、いつでも語らない・語れない被害者の存在を念頭に置く必要があります。

4　提案したいこと

これまで、被害当事者が相談した・できた場合と、相談しなかった・できなかった場合の要因をみてきました。ここで、どのような状況であっても被害当事者が安心して相談する・できるための提案をしたいと思います。そのためには相談窓口や支援機関の充実は当然のことで、物理的手段の不足によって支援機関にアクセスできないということがないようにしなければなりません。また、相談機関のカードを配るなどの広報啓発を行う際は、心理教育をして知識・情報をセットで届けることが肝心です。性暴力・性犯罪の定義、予防・回復のためにできることなど、対象年齢に合わせて具体的に例示するなどの工夫が必要です。性暴力・性犯罪に関する知識と情報を発達段階に合わせ提供することによって、被害当事者が孤立化することなく、早めに支援者とつながることが望めると思います。

（岡本かおり）

【引用文献】

内閣府男女共同参画局（二〇一八）「男女間における暴力に関する調査」報告書平成二九年度版

第10章　レジリエンス――回復する女性たち

1　いま、彼女たちが語るとき

　この章では、性暴力被害を受けた当事者が被害を受けた時およびその後にさまざまな体験を経て、どのように回復の過程を辿り、いまどのように生きているのか、当事者たちの語りを紹介していきます。そして、彼女たちを回復に導くもの、逆に回復を阻むものについて浮きぼりにするとともに、支援のあり方についても考えていきます。

　今回の研究では三一名の被害経験をもつ女性がインタビューにご協力くださいました。インタビューの中で、彼女たちそれぞれの現在地として、回復した状態もしくは回復しつつある状態が語られていました。第7章では、被害を受けた本人がそれを被害であると認識されづらい場合があり、被害認識が形成されることで、ようやく援助希求や自責感の緩和につながるという過程が示されていました。当事者たちの回復についての語りの中にも、被害を認識してから人生が動き出し、回復への道を歩み始める過程が表れていました。そこには、時を経て、また言葉では言い尽くせない体験を経て、徐々に整理され、穏やかに、希望をもって生きる彼女たちの姿がありました。ここからは、彼女たちが被害について振り返るとき、どのように感じているのか、彼女たちが被害によって失い、再び取り戻したものは何か、また新たに得たものは何か、いま彼女たちはどのように生きているのか、そうなるまでにどのような過程があったのか、そして、いまの自分が被害を受けた頃の自分にかけるとすればそれはどのような言葉かについて、彼女たちの語りをもとに紹介していきます。

1 いま被害を振り返る時、彼女たちはどう感じているのか

彼女たちの多くは被害を受けた後に、「自分が悪かった」と自責感にさいなまれていました。しかし、その後に被害認識が形成されて、回復していく過程で、「自分は悪くなかった」ことに気づいた経験を語っていました。中には、加害者や加害行為そのものに対する怒りを「正当な感情」と表現し、語ることで自分の感情を客観的に認

表10‐1　被害を振り返る時、彼女たちはどう感じているのか（語りの中から抜粋）

〈自分は悪くなかった〉

・今いろんな女性が #MeToo とかで告発するようになって、SNSでも読んでいて、同じような思いをしてる人がいっぱいいるなぁと思って。自分も改めて思い出して、あれは何だったんだろうっていうふうに思うことが結構増えていますね。でも、随分時間がたってるんだけれども、**やっぱり自分がそんなに悪かったわけじゃない**んじゃないかなって思えるようになった。（A10・三〇代）

・結構、すごいいろいろしゃべって、ぶちまけたような気がする。私ね、結構、やっぱり、この、**怒りって、やっぱすごいね。でも、正当な感情だと思う**けど。（A30・三〇代）

〈被害によって人生は損なわれていない〉

・基本的に家族仲は良く、友人に恵まれ、勉強で困ることもなく、部活も楽しくて、大学も一番希望してた所に入り、どこでも、やっぱり人に恵まれたので、なんかその人生が、私の良かったところは**人生が別に何も損なわれていない**し、**全体的に見たら損なわれていなくて**、自分が思うように生きてこら

識する作業をしている人もいました。また、被害をふり返った時に、被害によって自分の人生は「全体的に見たら損なわれていな」いと捉えている人や「自分の中では（問題としては）終わった」、「過去のものになった」と感じている人もいました。

[2] 被害によって彼女たちが失い、取り戻したものは何か

彼女たちの多くは、被害を受けるまでは当然のものとしてあった、心のあり様やふるまい、人との関係性の築き方を被害によって失ったと感じていました。しかし、その後、時間をかけて「自尊心」を取り戻

れたのは、すごく。だから人生がめっちゃくちゃにはならなかったんだなって思います。（A31・三〇代）

〈過去のものになった〉

・本当にもう六年ぐらいたつんですけど、二〜三年ぐらいは、たまに思い出したりとかっていうことはあったんですけど、本当にこの二年、三年ぐらいはもうほとんど日常生活で思い出すこともなくて、本当にもう**自分の中では終わったなっていう。問題としては終わったなっていう感じ**はすごくあります。（中略）治療で本当に、トラウマ……その、レイプのことが**過去のものになった感覚**はあるんです。（A13・三〇代）

表10-2　被害によって彼女たちが失い、取り戻したものは何か（語りの中から抜粋）

〈自尊心を回復した〉

・やっぱり**自尊心の回復**とか。そういう自分が自分でいいっていうか。ありのままでいいみたいな感覚を取り戻すまでには、すごく時間がかかったと思います。（A3・四〇代）

〈主体性を取り戻した、コントロール感を取り戻した〉

・**自分がコントロール権を持っている**。自分で能動的に、まだ動いているんだっていうのを持っている。（A6・四〇代）

し、周囲への関心を取り戻していくことで、自分自身を大切にできるようになり、より人生を豊かにする時間を取り戻していました。また、人との関係性にも変化が生じていました。被害によって人を信用することができず、深い関係性を築くことを躊躇っていたところに、新たな人との出会いもしくは既知の人との出会い直しによって、再び深い関係性を築くことができるようになり、中には人を「信用できるようになった」、「愛のあるセックスができるようになった」と表現する人もいました。人に限らず、新たなつながりの中で安心できる場所、自分に

〈好きなことへの興味・関心を回復した〉

・ほんの少しずつ**好きなことへの興味・関心の回復**っていうのは、本当に少しずつしてきてる感じで。手芸だったりとか、私の場合、運動、フィギュアスケートとかバレエとか体操とか新体操とか見たりするだけですけど、今は。そういうことが回復してきてるかなっていうふうには思って。（A28・三〇代）

〈人を信用できるようになった、深い関係性が築けるようになった〉

・自然と。自分の気持ちを大事にしてくれる人だなっていうところから、（パートナーを）**信頼できるようになった**のかなと思います。（A3・四〇代）

・今までは、それまでは、信用全く、人なんか、他の人なんかできないっていうか、まあ、しないほうがきっといいんだなって思ってたんですけど。大学入って、それがちょっとずつ変わってきて、（人を信用しても）**大丈夫だろう**っていう。（A22・二〇代）

〈愛のあるセックスができるようになった〉

・夫と付き合ったときに、私としては、また、その昔のような、いわゆる**愛のあるセックスができるようになった**わけですよね。それは、何か私にとって、すごいおっきい、おっきいことで。（A30・三〇代）

〈自分の強み・力になる場所を知っている〉

・今そのヨガとかのつながりの仲間で、心と体のつながりを考える人たちが集まってるので、そこの仲間たちともやっぱりつながりがだんだんこう深まってきてたりして。だから、いっぱい**自分の強みっていうか力になる場所を、いっぱい持ってる**といいんだなっていうふうに思ってます。（A15・三〇代）

とって「力になる場所」を見つけた人もいました。被害によって失われたものがあり、欠落をただ抱えて生きていくのではなく、その失われたところに、新たな形、新たな質を備えた何かを取り戻しているようでした。

3 被害の後に、彼女たちが新たに手に入れたものは何か

彼女たちの語りの中には、2で紹介した〝失い、取り戻したもの〟だけでなく、被害を受けたことによって新たに手に入れたものがあるようでした。それらは新たなパートナーとの出会いや人生を切り開いていくチャンス、性暴力被害についての深

表10－3　被害の後に、彼女たちが新たに手に入れたものは何か（語りの中から抜粋）

〈被害を受けたことで得られたことがある、意味があったと感じる〉

・あの**経験はあって、私の人生の中で失敗だったけどあってよかった**なって、なんか思えたんですよね。時間が経つにつれて（A16・四〇代）

・今は、悪いっていうか、すごく良くない出来事が起こったけれど、でも、むしろ**そのことによって、今がある**ような。あのことは悪いっていうか、良いことじゃないし、他の人にして、同じ経験をしてもらいたいと思わないけれども、でも、自分にとっても、まあ嫌なことだし、それで大変だったりとか、失ったものとか、いろんな犠牲になったものっていうか、多いけれども。（中略）**その経験がなかったら考えたりもしなかったこととか、感じることもできなかったこととか、知ることも、まあ知ろうともしないって言うか、別に興味がないっていうか、関心もなかったこととかに、関心を持ったりとか。いろんなことを考えたりすることができた**のかなって。良かったっていうか。（A27・三〇代）

・（被害後にとった行動について、）良い選択をしたなって思う。それは、そういう大変なときだからこそ、自分の可能性って小さく見えがちだけど、逆に、そういうときだからこそ、ピンチはチャンスじゃないけど、それまで**思いもつかなかったような人生が開ける可能性もある**と思うんですよ。実際、そうだと思うので。全て失ってるってことは、逆に言ったら、全てのことがあり得るわけだから、その中で最大のゴールを目指すっていうの？　まあ、そんな感じ。うん。そうそう、そんな感じですね。（A30・三〇代）

〈強くなった、もう傷つく必要はない〉

・本当に全部終わったから多分言えるんだと思うんですけど、裁判でも、警察

い理解と被害者への配慮として現れ、被害とは全く関係のない自分の人生の問題とも対峙できるようになった経験を語る人もいました。彼女たちは人生を揺さぶられるような体験を経て、新たな力を獲得し、自分自身の成長を実感し、人生の中に意味を見出していました。それは「大変つらい出来事や突然の不幸な出来事に直面した人が、さまざまなストレスを経験しつつ、苦悩と向き合う中で生じる人としてのこころの成長」を表す心的外傷後成長の過程であったのかもしれません。

にでも、何て言われても今はね、関係ないって。どういう傷付くような言葉を言われても、もう傷付かない。**傷付く必要がないからって今は思ってる**ので、そこが自分の中では逆にプラスに変わってったところ。（中略）今は**強くなって**しまってあの、人にどう思われても別に構わないって今思ってる。（A17・四〇代）

〈危険回避能力・処理能力を身につけた〉

・やっぱり、二人でご飯食べに行ったり、もうそこの時点で、うん。まあ、そうですね。まあ、なるべく行かないって感じですよね。絶対大丈夫っていう、今は自信がある。（A16・四〇代）

・ここのところを放っとくと、こういう不都合が起きるよとか、ここのところは早めに対処できるとよかったっていうのが、なんとなく見てると分かるんですよ。支援なんていうほどのものじゃないんですけど、考え方、ここはちょっと止めて考えたらと。そう思うことが本当ありますね。（A20・五〇代）

〈性暴力被害について深く理解し、客観的に見られるようになった、整理できた〉

・EMDR（PTSDに対するトラウマ心理治療）が終わったっていう時点で、**記憶を自分の中で整理できた**っていうのと、あと、なんかちょっと距離を置いて考えられるようになったっていうのがすごく大きくて。何ていうんですかね、こう、散らかってた記憶がちゃんとこう、一つの箱に入った感じで、すごく分かりやすくなったっていうか、自分の中で。（中略）今なんか本当にもうちゃんとこう、戸棚の中にぴたっとこう納まって、もうあまりちょっとやそっとのことじゃ出てこないようなものになってる感覚ですね。（A13・三〇代）

4 彼女たちが回復を実感するのはどのような時か

被害を受けた後に、彼女たちはそれぞれの回復のプロセスをたどっていました。その中で、「世界が色づいて見えた」「心も軽くなった」「景色が変わって見えた」、感情を「感じられるようになった」など、体感的な変化が起こり、苦痛や無感情から解き放たれ、日常生活が彩りをもって変化していく様子が語られていました。

5 いまの自分をどのように感じているか

被害を受けた後に、彼女たちはそれぞれの回復のプロセスを

表10－4　彼女たちが回復を実感するのはどのような時か（語りの中から抜粋）

〈被害以外の自分の問題にきちんと向き合うことができた〉

・公に逃げようとしたんですけど、むしろそうしちゃいけないなっていうことに気付いて。（中略）むしろそこではっきり、自分はそのことは問題じゃなくなってるんだなっていうのが分かったのは、とても良かったなって思いました。（A27・三〇代）

〈世界が色づいて見えた〉

・**世界が色づいて見えた**。今までもほんと、いろいろ、色自体は見えてはいたんですけれども、余計きれいに世界が広がって見えたので、ほんと苦痛だったんだなというのは、改めて感じましたね、その時。（A23・二〇代）

〈世界の景色が変わって見えた〉

・なんか面白くなっちゃって、楽しくなっちゃって。「ふふふ」とか「ははは」とかって笑って、なんか、よくCMとかでありそうな感じで、笑っていたんですよ。**世界が、景色が変わって見えた**というか、うーん。すごいギャップがそこにはあって。（A1・三〇代）

〈心が軽くなった、感情を感じるようになった〉

・もう**心も軽くなりました**し。あと、何かちょっとしたこと、例えば、いろんな人と会って、「おはよう」とかって、ちょっとした挨拶だったりとか、言われた言葉がうれしいだとか。（中略）相手に対してのいら立ちだったりとかも、ずっと人形のようになりたいと思っていたので、感じないようにして

辿っていました。そして、さまざまな体験を経てきた彼女たちだからこそ、〝いま〟の自分をどのように感じているかについて、さまざまな視点で語られていました。治療やパートナーとの出会いによって、被害による心的外傷から「治った」「完全に回復した」と語る人、被害を受けたことを含めて「自分の生き方を認められるようになった」、回復に向かっていく行動をとった自分を「褒めたい」など自己肯定感を語る人がいました。また、ある人は被害にまつわる感情にとらわれることとなく、「幸せを感じる」「いいことしかない」と感じていました。

いたんですが、感じられるようになって。「あ、こんなちょっとしたことで喜んでいいんだ」とか。多分他の人からしたら**当たり前のことを、ようやく感じられるようになった**。それはほんと、うれしかったですね。（A23・二〇代）

表10-5　いまの自分をどのように感じているか（語りの中から抜粋）

〈治った、回復した〉

・リカバリーしながらセラピー受けたりしてやってたんですけど、でも、なんか、**治った**からもういいかなみたいな感じですね。（A2・四〇代）

・その翌年に就職して、今の旦那さんと出会って、何かこんなに、男の人ってこう、前の（加害者の）ああいう感じの人だけじゃなくて、普通に人間的に理解しあえる人っているんだなって、こっちが普通なんだなってことが分かって、それで、あの、それで**完全に回復した**と思います。（A7・三〇代）

〈自分の生き方を認めることができる、自分をほめることができる〉

・何で隠れてなきゃいけなかったんだろうみたいな。**自分の生き方も認められるようになった**からかもしれないですけどね。仕方がなかったんだみたいな。言えなかったことも仕方がなかったし、みたいな。許せるようになってきて。（A3・四〇代）

・そこはほんと、**自分の行動力を褒めたい**なと思います。（A23・二〇代）

・**頑張りましたね**。そう思うと**頑張りましたね**。（A26・三〇代）

一方で、ある人は再び被害を受けないように、また被害にまつわる感情に押し流されないように、とても慎重に選択しながら、「丁寧に生きている」と語っていました。

6 いまどのような活動をしているか

被害を受けてから回復を実感するに至るまでに、また回復に向かう過程で被害について語れるようになるまでに、彼女たちは長い時間がかかっていました。そして、困難を抱えながら療養生活を送る人、学生生活を続ける人、仕事をしようと準備をしている人、仕事をしている

〈**心の支えがある、救われている**〉

・否定され続けてる、その経験によって自分で自分を否定してるし、その経験から、その相手から否定されてるっていう感覚ずっとあるんですけど、それを一切しない人がそばにいてくれるっていうのはすごく**心の支えになりました**。（A13・三〇代）

・知識を得ることで、だんだん。知識を得ることと、あとはその、同じような、同じことを考えてる仲間に会えたことで、今だんだん**救われていってる**っていう気がしてます。（A14・二〇代）

〈**安心して・落ち着いて過ごせるようになった**〉

・分かりやすくなって、自分なりにその、レイプされたことへの、自分なりの答えみたいなのが、なんでなんでって思ってた、ずっとなんでああなったんだろうって思ってたことが、自分なりに答えが出せたことですごい気が楽になったんですね。まあ、答え。自分のなんかまあ、自分なりのなんですけど、答えがあることですごい**安心してやっぱり生活できるようになった**っていうのが一番変わったところですね。（A13・三〇代）

・やっと混乱がいろいろ、混乱というか本当つい最近やっとまとまったというか。遅いんですけど。そのこともあるけど、**落ち着いて過ごせるようになったな**ってていう感じですかね。はい。（A26・三〇代）

〈**生きていてよかった**〉

・原風景みたいなんが結構支えになってるって思います。**生きててよかったと**あの時思えたよねみたいな。思えた自分とか。（A3・四〇代）

人、支援活動に関わっている人、彼女たちそれぞれの〝いま〟の活動が語られていました。中でも、性暴力被害を受けた人の支援活動を行っている人は、自らの活動によって社会に「良い変化を起こしている」ことが「生きる力」となり、被害者のケアを行うことによって「エンパワーされ」、「自分のプラスになっている」ことを実感していました。

7 これからどのように生きていこうとしているか

被害について語られるようになった〝いま〟の時点で、彼女たちが未来に向けて、これから

表10-6　いまどのような活動をしているか（語りの中から抜粋）

〈**幸せを感じる、いいことしかない**〉
・いい人ともご縁があって結婚でき、何となくいろいろと落ち着いた生活ができるようになって、うれしいですね、今は本当に。夫とネコがいて、ご飯食べるのが一番なんかうれしいです。**幸せ**というか。（A26・三〇代）
・ヨーロッパに行って、二年目くらいから、全然世界が変わって、**いいことしかない**。「あ、いいことしかないってあり得るんだ」みたいな、そんな感じですかね。（A30・三〇代）

〈**丁寧に生きている**〉
・**丁寧に生きています、丁寧に生きている**。自分がコミュニケーションのできない人と出会って、自分が悪いんじゃないかっていうところにかかずらわっているとどんどん体調が悪くなって（中略）丁寧なコミュニケーションがあるからこそ、私も成り立っているし、丁寧な生活が。それによって、持続していける。（A1・三〇代）

〈**支援活動をしている、支援活動が自分をエンパワーしている**〉
・私の知識でもあるし、経験ともつながるし、そしたら、他の人にも役に立つし、講演とかで話をして、他の聞いた支援者とか、他の人たちも、反応ですよね、見方が変わったり、理解を深めてくれることによって、**良い変化を起こしている**なっていうことが、今の私の生きる力です。（A2・四〇代）
・結構**大きなエンパワーになる**んだなって。感覚として、直接感じられることが。だから何か事務的なこととか苦手だしストレスもないわけじゃないけど、

どのように生きていこうとしているか、それぞれの思いや希望が語られていました。被害を受けたことやそれによる影響を含めて「受け入れた上で、生きて」いこうとする思い、「前を向いて歩いていきたい」という思い、どのような形でも被害に「向き合い続け」ながら生きていこうとする思いがありました。

2　彼女たちはどのように回復していったのか

それではどのように、彼女たちは〝いま〟に至ったのでしょう。

インタビューの中から、彼女

それ以上に**エンパワーされてる**っていう面が、（支援）活動で。（A3・四〇代）

・（被害を受けた）子どもを前にして、ビクってなったけれども、でも話していくうちに**自分も癒やされる**というか、**成長できる**というか。なんか、自分がその当時できなかったこと、言えなかったこと、その子が今知らないことを、今伝えられるっていうことが、**自分のプラスになってる**感じが、それは今でもあります。（A8・四〇代）

〈仕事をしようと思っている、仕事をしている〉

・なんか**仕事をしなくちゃなって**。その時も一応、手伝いはやってたんですけど、それで頑張ってしようと。そこで、やり直そうかなって思って、またちょっと勉強し出して資格取って働いてるって感じです、今は。（A26・三〇代）

表10-7　これからどのように生きていこうとしているか（語りの中から抜粋）

〈受け入れて、生きていこうと思う〉

・全部その影響だったのかもしれないっていうことが、だんだん客観的に最近分かって、やっと分かるようになってきて。何か自分を責める必要はないのかもしれないし、そういうものとして受け入れた上で、**生きてっていい**のかもしれない。（A14・二〇代）

・そういう道筋じゃないですけど、まあ、そういうことがあっても**生きてっていいし、生きていける**んだなって（A26・三〇代）

・もやもやすることがあるんですけど、そういう人たちがいるし。まあ、ネコも長生きしてくれてるので、こう生きて、**頑張って生きてようかな**って今は思ってます。頑張ってっていうか、まあ、今はそんなに生きる、死ぬとかはたちがどのように回復していったのか、そして彼女たちの回復を助けるものや、妨げるものがあればそれが何だったのかを分析しました。その結果、彼女たちは被害体験に苦しみながらも自ら行動し、そこから気付きを得て更なる行動を起こし、その道のりでさまざまなものに助けられたり、時には邪魔されたりしながらも回復へと向かっていくことが明らかとなりました。

1 回復へ向けて
―行動を起こし気付きを得る

①行動を起こす
―性暴力に対してNOという

彼女たちは、その厳しい体験

考えなくなったんですけど、**楽しく生きようかな**って思えてます。（A26・三〇代）

〈自分のことを大切にしようと思う〉

・ちょっとはあるんですよね、やっぱり。何かもうどうでもいいかなみたいなことも、あるっちゃあるんですけど。うーん。うーん。でも、もうちょっとは**自分のことも大切にしてみよう**かなとかには、最近は思ってますね。（A22・二〇代）

〈前に進んでいこうとしている〉

・**前を向いて歩いていきたい**というふうな思いは結構、大学入ってからはあったので、ほんと前向いて歩けるように。本をですね、大学生の時に読み始めて。（A23・二〇代）

〈被害に向き合い続けたい〉

・時間がかかっても下手くそでも**向き合い続けていたい**。（A1・三〇代）

・夫に話せたことが、もうやっと最後の一個の荷物を下ろせたっていう感じがして。そこからは仕事で「あ、やばい」っていうのもなくなり、ちゃんと対峙できるようになったり、ちゃんとほんとに**向き合えるようになりました**。（A8・四〇代）

の中でも「性暴力に対してNOという意思を示し」ていました。また、加害者が顔見知りだった場合、加害の責任を問い、「加害者に対してアクションを起こ」していました。これは人によっては大きな声であったり小さな声であるかもしれません。そして、その声を上げるタイミングは人それぞれです。しかし彼女たちは明確に自分の体験に「NO」という意思を示していました。

②気付きを得る
―自分の体験に名前がつく

幼い時の被害だったり、相手との関係がうまくつかめずに被害とは認識していなかった彼女

表10‐8　行動を起こす―性暴力に対してNOという（語りの中から抜粋）

〈性暴力に対してNOという〉

「性暴力に対してNOという意思を示す」

・「そんなの嫌です」ってはっきり言った（中略）「ふざけんなやめろよ」って、怒鳴り返した。（A6・四〇代）

「加害者に対してアクションを起こす」

・私はもう被害を受けてこんなになってる時、次の日で。で、会話をしてるんですけど「何であんなことしたんですか」って私は言った。（A21・四〇代）

表10‐9　気付きを得る―自分の体験に名前がつく（語りの中から抜粋）

〈自分の体験に名前がつく〉

「『自分の体験は性暴力だ』という認識に至る」

・自分がPTSDとは思わなかったけれど、起きてることはフラッシュバックだなって思って。で、あ、自分は、あの、何だろう、被害を受けた側なんだなっていう認識に変わったし、誰に言っても誰一人ちっちゃい子どもだから余計に、付いてったほうが悪いと誰も言わないから、だから、あ、なんか、その、私悪いことしたって思ってたけど、そうではなくて、あれは被害だったんだなっていうふうに認識は変わったなって思う。（A31・三〇代）

「『性暴力』の本質が分かってくる」

・性犯罪がどういうものかっていうのが何かすごく分かったような気がして。どれだけその、身勝手な人間がいてその犠牲になる人がいて、つらい思いをしてるのかっていうことがすごく分かったので、何て言うのかな、少し客観

たちが、自分自身の状態や性暴力を取り巻く状況を理解していく中で「『自分の体験は性暴力だ』という認識に至っ」ていました。そして、性被害について言い出せない自分や、被害のことを告白した時の周囲の人々の反応を見る中で、被害者、加害者の二者関係で終わるのではなく、社会の中でどのように性暴力が扱われているか、徐々に『性暴力』の本質が分かってくる」という体験をしていました。そして、理解が進む中で、当初は被害について自分に落ち度があると思っていたことが、本当は「加害者が悪いと腑に落ち」るようになっていました。

的に見られるようになったときにすごく変わったんですね。（A17・四〇代）

「加害者が悪いと腑に落ちる」

・何であったってお前が悪いっていう感じ。（A4・六〇代）

表10-10　行動を起こす——自分の体験に向き合う、抜け出す（語りの中から抜粋）

〈自分の体験に向き合う、抜け出す〉

「自分の性暴力体験に向き合う」

・暴力にあった私は被害者としての立場をしっかり持って、持つこと、まず持って、それで戦っていかなきゃいけない。自分の中のそれと向き合っていかなきゃいけないっていうことを、ＰＴＳＤっていう概念を学んで思ったわけですね。（A18・四〇代）

「『性暴力』に至るパターンから抜け出す」

・この男は駄目だって思って、その時に自分の以前の性被害、レイプを思い出して、ああ、そうだって、私ちょっとこれは繰り返してるなって思って、その時はそこで気付いて、まあ、切るっていうことができた。（A21・四〇代）

「『これは性暴力である』と声を上げる」

・ただ私はその時、お金の問題ではない。二〇〇万もらってもこれは納得できないと。私はやっぱり強姦っていうことを、その頃はちょっともうある程度、ちょっと、あの、感じてたので、きちんと強姦したと。同意のあるセックスではないということを相手が認めないと嫌だと。（A21・四〇代）

③行動を起こす
―自分の体験に向き合う、抜け出す

当初は混乱の中にありながら、「自分の体験は性暴力だという認識に至る」ことを経て、徐々に「自分の性暴力体験と向き合」っていました。そして、それは彼女たちが自分を守るためのすべを身に着け、さらなる『性暴力』に至るパターンから抜け出す」ように促したり、自分の体験について「『これは性暴力である』と声を上げる」ことを可能にしていました。

④行動を起こす
―自分自身を助ける

性暴力被害を受けることで、

表10‐11　行動を起こす―自分自身を助ける（語りの中から抜粋）

〈自分自身を助ける〉

「助けになるものを求めて行動を起こす」

・本でその、女性問題に関する本を読んで、それがわりと知っていったし、よりどころになった。あとはその数少ないホットラインですね。救援センターとあと、あともう一カ所ちょっと電話してたとこが、それ本当に少なかった、なかったんで、その当時はそのぐらいで。で、だんだんとこう、いろいろ探していく中で、そうですね、多分支援としての出会ってっていうところで言うと、あの、犯罪被害者の相談機関ができて、あの、被害者支援センターに確か、できた頃に電話でつながって。（A21・四〇代）

「苦痛の中にあっても行動する」

・旦那さんといた時間は大変で、失ったものも大きいんですけど、その中で、いろいろ哲学の本とかを読んできてはいたので、その中で、暴力に関する知識みたいなものは得ていた。（A1・三〇代）

「自分にとって最善の方法を見つけ出す」

・PE療法（PTSDに対するトラウマ心理治療）が始まって、やっぱりとても大変（中略）周りの、結構自分の身近な周りの人から、「そんなに無理しなくていいんじゃないの？」、みたいな。（中略）させてもらってるこれをやったほうが、絶対いいんだろうなっていうふうに思ってて。周りから言われても、絶対やったほうがいいんだなって思ってました。（A27・三〇代）

「自分なりの対処で不調を乗り越える」

・自分をまた暴力にさらして確かめたくなるんですけど、でも、それを思いとどまるには、本を読んで自分と向き合ったりとか、ノートにいろいろなことを書いたりとか、そうすることでしかいられなかったので、それをやる時当事者は心身ともに大きなダメージを受けます。その中でも、当事者は「助けになるものを求めて行動を起こ」したり、「苦痛の中にあっても行動し」ていました。時に心身の不調の波に翻弄されながらも「自分にとっての最善の方法をみつけだ」し、「自分なりの対処で不調を乗り越え」ていました。また以前から抱いていた夢を思い出したり、新たな出会いや体験を重ねることで、「こうありたい自分を見つけ」、それを目指して進んでいました。

間なんだっていうことを自分に課して、衣食住をやりつつ、それをやるためにっていうことで、いっぱい本を読んでました。（A1・三〇代）

「こうありたい自分を見つける」

・留学したことがすごく大きいんですよね。好きな仕事に就けて。その仕事を突き詰めて。それは自分の経験とかを閉じ込めるために、仕事にわーって、はしってとかっていうのもあって。苦しいっていうか。もうがむしゃらにやってたから、しんどかったと思うんですけど体力的とかにも。だけどそれで突き詰めたっていうか。やりたいことを諦めなかったりしたからこそ、違う国に行って資格取ってとかっていうパワーが出たのかなとも思う。（A3・四〇代）

表10-12　気付きを得る―自分と他人に思いが至る（語りの中から抜粋）

〈自分と他人に思いが至る〉

「自分の状態に思い至る」

・過去のことを思い出してみると、あっ、あれも二次被害で、これも二次被害で、これもそうだったんだと。何か、私はすごく傷ついて、何てひどいこと言うんだろうとか、何か誰からも理解されないなとか、何か誰も結局は分かってくれないんだなとかって、いつも何か思っていたんですけど。でも、あっ、そういう一言一言っていうのが、何て言うか、そういう二次被害っていうこととつながってるんだなっていうふうに、初めて、こう、気付いたと言うか。それで傷ついたんだって、何か発見、発見した。（A27・三〇代）

「自分だけじゃないと気付く」

・たまたま自分に起きてしまった、何か個人的な事故にあったような感覚があったんですけど、何かすごくたくさんの人が、何かそういう、あの、いわ

⑤気付きを得る
—自分と他人に思いが至る

彼女たちは、自分の体験が性暴力であったことに気付き、苦痛の中でも自分自身を助ける行動をするうちに、徐々に自分自身に目が向き「自分の状態に思い至る」ようになっていました。そして今回のような被害は自分だけではなく、他の人にも同様に起こっている、という「自分だけじゃないと気付」く体験をしていました。

⑥気付きを得る、そして行動を起こす
—現状を変えるために動き出す

そして、今おきている性暴力被害の理不尽さに疑問を抱き、

ゆる何かこう暴力的な性暴力じゃない部分でも同じように苦しんできてる人がいっぱいいるんだなっていうのが、何か見えてきて。（A10・三〇代）

表10-13　何が彼女たちの回復を助けたのか（語りの中から抜粋）

支えてくれる人がいる

「自分の行動を後押ししてもらえる」
・夫もね、この私のこのワーク、あの、こういう調査に行ってくるとかもすごく応援してくれて（中略）今回のことなんかも、こういうのがあって、受けてみようかなっていうふうに相談して、それも、やろうと思うんだったらどんどんやったほうがいいよって言ってくれて。（A10・三〇代）

「自分の体験を話せる」
・自分の経験してきたことを理解してもらえる相手に、しかも、二人の人に聞いていただいたっていうことは、すごいありがたい体験だった。（A1・三〇代）
・警察が来たんですけど、すごく訓練された、性犯罪の捜査とかの訓練を受けた人が来て、すごく適切な捜査をしてくれた。（A1・三〇代）

「『あなたは悪くない』と伝えてくれる」
・自分が悪かったんじゃないかってすごい思っちゃう。私は結構思っちゃったので。（中略）「悪くないよ」ってちゃんと言ってくれた人がいたのは、うーん、ありがたかった。（A26・三〇代）

「自分を受け止めてもらえる、認めてもらえる」
・とんでもないことを結構してるんですけど、それでも、それを責めることもなくずっと（夫が）そばにいて、私は認め続けてくれてた、（中略）否定され続けてる、その経験によって自分で自分を否定してるし、その経験から、

「自分が何かできるのではないか」「現状を変えないといけない」と思い、「現状を変えるための行動を起こ」していました。これは、今回のインタビューに答えてくれた彼女たちすべてに言えることです。彼女たちは、自分自身の体験を語ることで新たな被害を受ける人がなくなるよう、そして自分たちのように苦痛の中にいる人が少しでも少なくなるよう、声を上げてくれました。

2何が彼女たちの回復を助け、あるいは妨げたのか

①回復を助けたもの

回復の過程である「行動を起

その相手から否定されてるっていう感覚ずっとあるんですけど、それを一切しない人がそばにいてくれるっていうのはすごく心の支えになりました。（A13・三〇代）

「被害に一緒に立ち向かってくれる」

・そんなもう「絶対、未遂だとしても警察に突き出して訴追しなきゃ駄目だ」みたいな。同僚の怒りみたいなので、すっごい救われたんですよ。私。（A3・四〇代）

・（法テラスに行ったら）何か冷静に「ふん、ふん、ふん、ふん、ふん。それはひどい。ふん、ふん、ふん、ふん。それはひどい」って言って「すぐ警察行きましょう」みたいな（笑）。「私付いて行きますから」って言って。「えー、本当ですか」みたいな。「大丈夫、私いますから」って言って、「ずっと隣にいますから何なら」とか言って。（A17・四〇代）

「心の支えとなる」

・（刑事さんが）裁判を交代で全員が見に来てくれて、毎回傍聴。（中略）女性の刑事さんが、あの、「Aさん、これはあの、落ち込むことっていうか、つらいと思うんだけど、私は思うんだよ。今、今Aさんの味方を、今のAさんを何があっても守りたいって、何があっても応援するって言って協力してくれる人は一生のAさんのあの、何て言うのかな、あの、仲間というかお友だちだし大事な人だけど、今逃げてく人は必要ない人だよ」って。「これ裁判とか、あの、裁判というか、この事件となんも関係ない話になっちゃうけど、Aさんの人生にいらない人だよ」って言ってくれた。（A17・四〇代）

「普段通りに接してくれる」

・人に言っても誰も何か、言わない、何も言わないし、私との接し方が変わるわけじゃないから、あ、なんだ、私別にそのことで特別自分がおかしい人なわけじゃないんだなって。（中略）特に誰も何も反応しないみたいな。何で

こすこと」と「気付きを得ること」は誰にでも訪れることなのかもしれません。しかし、未だ被害の記憶に苦しむ人もたくさんいることも事実です。それでは何が答えてくれた彼女たちの回復を助けたのでしょうか。今回のインタビューで語られていたのは、彼女たちの行動と気付きの循環を支えてくれる人であり、支えてくれる環境でした。

②回復を妨げたもの

前の章のように、回復へと導いたもの、促したものが多く語られた一方で、回復が促進されたり発揮されたりすることを妨げるものについても語られていました。これは彼女たちが行動

すかね。こう、そう、だから、一大事だとも思わなかったし、逆にでも特別なことだとも思わずに済んだ。（中略）傷があっても傷を気にしない人がいる。（A31・三〇代）

「適切な対処をしてくれる」

・すごい自殺念慮が高くて。友人に連絡、電話をしたんで、（中略）メールがすぐに来て、「ここに電話をして。あなたは、あのー、そのままではいけない」みたいな感じで。で、レイプクライシスのリンクが貼ってあって。「誰か、あのー、必ずね、いいところに、どこかにつなげてくれるはずだから、まあ、必ずここに電話をするのよ」とかって。で、あの、「私もいつでも話は聞けるけど、絶対専門家のところに行ったほうがいい」と言って。（A30・三〇代）

支えてくれる環境がある

「安心できる場所がある」

・家の中が安心安全な場所だったのかな。家庭は安全だったのかもしれない（中略）学校の友人関係は安全だった（中略）何かしらこう、どの時点でも安全なポイントが、逃げ場があったっていう気はしています。うん。あ、この人たちの中にいるときは私は安全だとか、そういうのは必ずあった。（A8・四〇代）

・パニック発作で戻ってくるみたいなことが繰り返されたときに、親は「もう勉強なんかいいから、寝てなさい」って心配して言ってくれたことがあって、あ、なんか私別に完全じゃなくても、別に家族は揺らがないんだなみたいなことを思った（中略）出来事、被害に関して誰かに支えられた覚えはないけれども、でも、で、被害のことを家族に打ち明けるつもりはないけれど、でも、あの、まあ別に、何が、なんかそんな傷があっても、特に人間関係揺らがないみたいな感じが持てたのは、おっきかったのかもしれない。（A31・三〇代）

を起こそうとしても気持ちを挫き、あきらめさせるものです。具体的には医療機関や警察、検察、相談所から「ひどい対応」、例えば、被害にあったあと、あなたが悪かったと言われたり、たいしたことではないと言われるなどの、理解されない、尊重されない、劣悪な対応を受けたことが語られていました。

このように、性暴力被害にあった女性をさらに苦しい思いにさせるような対応がなされていたケースが多くありました。これは回復を助ける要因とは全く真逆の対応です。そして考えなければならないのは、この回復を阻害する一連の出来事が、

「心の支えとなるものがある」

・ネコを飼って。このネコが生きてるうちは生きてようって思ったんですよ、そのとき。で、この子が生きてる間に頑張って生きていれば、まあ、どうにかなるだろうって思った（中略）死なずに生きてたら、まあ、いろんな人が助けてくれてそのネコと人の、周りの人の、その、いろいろ。こう、サポートしてくれた人のおかげですかね。はい。がすごく支えだった。（A26・三〇代）

「自分にとって必要な情報を得られる」

・社会、社会のなんかそういう、なんだろう、情報とともに「いつでも相談してね」的なことを言っている人がネット上にいたとか、まあ、それも励ましの一種というか救いの手があった。（A29・三〇代）

表10-14　何が彼女たちの回復を妨げたのか

〈ひどい対応をされる〉

・産婦人科に電話したんだけど、産婦人科の看護師が、被害届出さないほうがいい、あなたの汚点になるって言って、それで、被害届出そうと思ってたのにそういうふうに言われた。（中略）妊娠したら来たらって言われて、自分の不安感とか、そういうのを全部なしにされたみたいな気持ちになっちゃって、産婦人科の看護師に。（A5・三〇代）

・加害者の名前も、昔の新聞調べたら出てくるかもしれないから、調べてから連絡してくださいって言われて。5年前の何月かも定かじゃない、しかも一カ月で三〇日とかあるわけだし、もうそれを調べる……警察に電話しただけでもすごい大変な勇気を振り絞って電話したのに、力を振り絞ったのに、それ以上努力することってできなくって。（A5・三〇代）

被害を受けた後に最初に助けを求める場である医療機関、警察などでなされていることです。これらのことから、被害者支援に関連する機関の人々が教育訓練を受ける必要性が強く示されたと考えられます。また、第8章で述べているように、被害の影響による好ましくない心身の状況（自分への怒りや自分を許せないといった自分に対する感情、フラッシュバック、動けない、といった被害を受けたことによるストレス関連症状）、被害の影響から関係や生活がうまくいかなくなったことも回復を妨げる要因になることが明らかとなりました。この実情を理解

・（検察庁で）調書がどうとかって呼び出されて、（中略）またその、一から何だろう、その調書の何か中身とかでその、何だろう、そんなに嫌がってないじゃないかとか。何でこのときにあの、右手はこうしてたんだとか、何か。このときの左手はどういうふうにしてたんですかと。全然意味分からない。それってすごい責められて。（中略）あの、何だっけ、美人局じゃないかって何か、最初から何かそういうふうに言っていて、何かその話とかが出てるからどうのこうのとかって検事が言い出して。（中略）（A17・四〇代）

・検事日本一やばい人だったんです。（弁護士が、その検事を指して）「あんなひどいの見たことない」って言ってました。あそこまでひどいのがいるってどういうことなんだろうってっていうくらい。もうだから、そこで本当にあの、もうかばん握りしめて、もう泣きながら「もう帰ります」って言ったりっていうか、もう。もう帰りますって今日は言わない、言わないって思いながら。（A17・四〇代）

・で、大学の相談室ってあって、で、そこにも行ってみたんですけど、やっぱりそこでの体験っていうのが結構へこむ体験で、まずそこでリラックスして話せなかったっていうのと、なんか話したときに、どんな人だったかっていうのを覚えてないんだけど、言葉がよく覚えてて。なんかね、聞いてると、すごくいい友達だから、お友達とよく話し合って……って。すごいでしょ。すごいっしょ？　なんか、話し合ってもこうなのにみたいな。だから大学行けないとかいう理由が、そういうことなはずなんだけど、その人も手、持て余しちゃったんでしょうね。全く想像のつかない世界だって思ったのか、私の説明が悪かったのか分かんないんですけど。（A25・四〇代）

し、少しでも当事者の苦しい症状が改善されるような治療につながったり、必要な助けにつながれるような支援が広まる必要があると考えられます。

おわりに

インタビューに答えてくださった方々の語りの中には、誰かのために希望をもって立ち上がろうとする強い意志が現れているようでした。彼女たちが体験してきたことを語り、それを誰かのために役立てようとすること、それはまさに回復を体現するものなのかもしれません。

今回、インタビューに答えてくださった方に対し、「昔の自分に言いたいことはなんですか」という質問を投げかけました。彼女たちが答えてくれた言葉をこのレジリエンスの章の結びの言葉としたいと思います。

「ここにいるので、なんとか生きてているから、なんとか大丈夫だからねっていう。どんとじゃないですね。どーんとじゃないけど、大丈夫とは言えないんだけど、こうなんとか、繋がってきて、今いるので、うん。その点は心配しないで頑張ってねっていうことですね」（A1・三〇代）

「『大丈夫だよ』って、うん、言いたい」（A8・四〇代）

「うーん、何て声を掛けるかな。うーん、やっぱり何か、『あなたが被害にあってるんだよ』っていうか、何かやっぱひどいことされてるって、こう思っていいんだよって、何か、ことかな。『あんた

がされてるのはひどいことなんだよ』ってことを、何か言ってあげたい」（A10・三〇代）

「うーん。当時の自分に掛けるとしたら大丈夫だよって言いたい」（A11・三〇代）

「ずっとそういう何か、ひどいかひどくないか分かんないんですけど、そういうことを受けてて、絶対何かこう、自分の経験を話そうと思ってたんですよ。それで何か研究とかちゃんとしてほしいって思ってて。そういうことにね、なるから、もう、こういうちゃんと伝えられるようになるから、まあ、まあ、頑張ってねっていうか、うん。まあ、あとは、よく頑張って、頑張ったねって言いたい」（A12・三〇代）

「やっぱ生きてないといろいろな経験もできないし、うん、何か、そう、あ、『ほんとによく頑張ったね』って言いたい」（A12・三〇代）

（江口のぞみ・松本衣美・宮本有紀）

第Ⅳ部

より良い社会を創るために

本書では、性暴力にあった当事者と刑法や一般社会との間にある溝に橋を架けるために、これまで顧みられずにきた当事者の世界に光を当て、その声を描き出しました。第Ⅰ部で当事者の体験を理解するための設問を立て、第Ⅱ部、第Ⅲ部でそれに答えるための調査結果を示しました。この第Ⅳ部ではそれらをまとめつつ、「性暴力とは何か」「どのような支援が必要か」といった課題をさらに深く掘り下げます。

第11章　性暴力とそうでない性交を分けるもの

この章では、冒頭で立てた設問「被害当事者の視点から見ると、不同意性交（同意のない性交）はどのような経緯で起こっており、なぜ抵抗が難しいのか」に答えます。そして、調査から明らかになった不同意性交の共通点と抵抗できない心理についてまとめながら、「性暴力とは何か」を考えていきます（表11-1）。

1　「不同意性交」の共通点

1 エントラップメントと予兆的行動

私たちが不同意性交のプロセスを明らかにしようとした背景に、「暴行脅迫」要件に関する議論がありました（第2章）。性交の際に暴行や脅迫がなければ犯罪として認められにくく被害を受けた側が苦しむ一方、不同意のみを基準にすると犯罪化される範囲が広がりすぎてしまうと懸念される問題です。調査では両者のグレーゾーンに光を当て、暴行脅迫がなくとも深刻な苦痛を与える不同意性交とはどのようなものなのかを探りました。

その結果、不同意性交の共通点が見えてきました。一つ目は「エントラップメント（罠）型」で、報告された不同意性交の多くがこの型を示していました（第3章）。「エントラップ（entrap）」とは「罠にかける」ことを意味し、被害者が見えない罠にかかったように望まない性交へと追い込まれる様を表わしています。

エントラップメントが発生する条件として、事前に形成された非対等な関係性（上下関係）が見られました。多くの場合は加害者の方が社会的地位が上で、上司、教師、先輩など助言・指導をする立場にあり、被害者側からは尊敬できる相手として認識されていました。また友人や元パートナーなど社会的地位が対等な場合には、日常的なやりとりやその場のやりとりの中で上下関係が作り上げられていました。こうして加害者に抗いづらい上下関係が形成されたところで、強引に性交されるというプロセスです。

このプロセスをさらに詳しく分析した結果、加害者はただ上下関係を作るだけでなく「予兆的行動」をとることが示されました（第4章）。例えば、セクハラ・モラハラ等のハラスメント行為、ハラスメントの一つとも言える飲酒の誘いや強要、そして密室への誘い込みです。上下関係に加えてハラスメントの言動があることは、「性暴力」を予測する重要な手がかりといえます。

[2]モノ化

二つ目の共通点は、性的対象化や非人間化、分かりやすく言えば「モノ化（objectification）」です。ここで言うモノ化とは、相手を個別の意思や感情をもったひとりの人間ではなく、モノとして扱う言動、言い換えると「相手の意思や感情をないがしろにする言動」を指します。性的対象化（sexual objectification）は非人間化（dehumanization）の一形態として国際的に研究が進んでいます（注1）（Barbara &

表 11-1　不同意性交の共通点と抵抗できない心理

不同意性交の共通点

「性暴力」としての不同意性交とは，「相手の意思や感情をないがしろにする性交」である。

1. エントラップメント
   - 非対等な関係性（上下関係）が事前に作り出され，逃れられない状況になっている。
   - 性交に及ぶ前に予兆的行動（ハラスメント，飲酒強要等）が見られる。
2. モノ化（性的対象化・非人間化）
   - 被害者側の意思や感情をないがしろにする。拒否の意思を伝えても無視する。
   - 人格を尊重せず，モノのように扱う。性の対象としてみて利用する。

抵抗できない心理

1. 心理的抗拒不能
   - 恐れ，諦め，フリーズ，硬直，グルーミング（事前の信頼関係構築）等。
2. 社会的抗拒不能
   - 非対等な関係性（上下関係）による抵抗の抑圧。
     元々の地位関係性や，日常のやりとりの中で作り出された上下関係が作用する。
     上の人には逆らってはいけないといった規範が作用する。
   - 社会関係配慮による抵抗の抑圧。
     役割の二重拘束に陥っている。
     世間の目や周囲の人間関係に対する配慮から，抵抗や拒否をしては悪いと思う。
3. 年齢による行為の不認識
   - 年齢が幼いために自分に行われている行為が認識不能。混乱。

Tomi-Ann, 1997; Szymanski et al., 2011; Gervais & Eagan, 2017）。

私たちの調査で報告されたモノ化の言動には、加害者が相手の拒否の意思を汲み取れず都合よく解釈する、相手の感情や要望を無視して一方的に進める、相手の性を自分の目的達成のための手段にするなどがあり、今回聴き取った多くの経験に共通していました。また特に、一見対等な関係性においては顕著に報告されました（第5章）。

モノ化は人間存在としてのその人をないがしろにする行為であり、「尊厳を奪われる体験」としての性暴力を形づくり、「死にたい気持ち」を呼び起こす原因となっていました（第8章）。つまり、モノ化こそが、ひとりの人間としての被害者を最も深く傷つける凶器であり、不同意性交が「性暴力」となる一つの本質的な要素といえます。

2　抵抗できない心理

1社会的抗拒不能

不同意性交のプロセスを明らかにしようとしたもう一つの背景は、「抗拒不能」要件に関する議論でした（第2章）。被害者が一三歳に達していた場合、アルコールや薬物、洗脳等がなければ、たとえ強引に性交されても、受け入れる意思があったとされるものです。被害当事者にとっては「逃げられない」状況でも、一部の司法関係者や一般社会の目には「本当に嫌だったなら拒否できたはず」「逃げ出せたはず」と見えてしまうことが問題となっていました。

裁判では、「心理的抗拒不能」といって、被害状況における恐れや諦め、身体が硬直してしまうフリーズ、グルーミングと呼ばれる加害者による事前の信頼関係構築およびその利用などが認められる場合もあります。(注2) しかし、それだけでは説明しきれない抗拒不能のあることが、調査から明らかになりました（第3章〜第6章）。それは、被害現場の状況そのものではなく、被害者と加害者とを取り巻く社会的状況によって生じる抵抗の抑圧であり、私たちはそれを「社会的抗拒不能」と名付けました（第4章）。

2 上下関係による抵抗の抑圧

社会的抗拒不能には大きく二つの側面があります。一つは、非対等な関係性（上下関係）そのものが被害者の抵抗を抑圧する側面です。なぜ上下関係があると抗いづらくなるのかを深く分析すると、「上の人に逆らってはいけない」といった、日本社会で広く共有されている強固な「規範」が作用していました（第3章、第4章）。

規範とは、明文化された規則ではないものの、子どもの頃からのしつけや教育、あるいは日々の社会生活を通じて、ほとんど意識できない深さで刷り込まれてゆく暗黙のルールです。明文化された規則や法律よりも時に強い影響力で、私たちの行動を決めたり形づくったりしています。規範には大きく分けて「ジェンダー規範（女性は受け身であるべき等）」と「社会的規範（上の人に逆らってはいけない等）」があり、いずれも性暴力の重要な要因として知られています（WHO, 2010）。

特に日本社会では二人以上が集まると「どちらが上か」を推し量ることが自然と習慣化しているように見えます。さらに「意見の食い違いがあれば、上の者の意思が優先される」という上尊下卑とも言いうる規範が強固です。この規範に従うために、上に立った加害者は自分の望む性交を強要しやすく、被害者は望まない性交を強要されても拒否できないという状況に容易に陥っていました。

3 社会関係配慮による抵抗の抑圧

社会的抗拒不能のもう一つの側面は、社会関係配慮による抵抗の抑圧です（第4章）。これは、被害者自身が世間の目や周囲の人間関係に配慮するために、抵抗や拒否を自制することを指します。なぜ周囲に配慮して抵抗を自制してしまうのかを深く分析すると、「役割の二重拘束」に陥っていることが分かります。つまり、多くの不同意性交は学校や職場、家庭といった社会生活（または家庭生活）の場で起こります。すると、社会生活の場では「教師」「上司」「親」といった役割を持つ相手が、別の場では性交を強要する「加害者」となり、そしてまた何事も無かったかのように通常の社会生活に戻って元の役割を続けてゆくという、役割の二重構造が生まれます。これに呼応して被害者側も、社会生活の場では「生徒」「部下」「子」としての役割を負い、性交を強要された時には「被害者」となっても、また元の役割に戻って社会生活を続けていかねばなりません。これが「役割の二重拘束」です。

被害者側から見ると、社会生活の場での自分の役割や立場を守らなければ、大切な社会生活そのものが台無しになります。周囲の人間関係を傷つけたくない、守りたい、迷惑をかけたくないとの思いも働きます。こうしたリスクと、性交の強要に耐えることを天秤にかけたとき、多くの人は沈黙し、「自分さえ我慢すれば」と思い、抵抗しない道を選択していました。しかしそれは自らの自由意思による選択ではなく、強いられた選択です。言い換えれば、加害者は社会生活の場を共有していることを利用して、被害者を二重の役割で縛って逃げられないようにし、性交を強いるともいえます。

4 年齢による行為の不認識

望まない性交を強いられても抵抗できないもう一つの理由として「年齢による行為の不認識」があります（第6章）。これは、児童期性虐待や子どもの被害の場合に、その行為がどのような行為であるか理解や認識ができないことや、混乱しているうちに性暴力のプロセスが進むことを指します。現在の法律では、一三歳未満の子どもに対しては「暴行脅迫」「抗拒不能」がなくても性犯罪であると判断されます。しかし、一三歳を超えていても、自分に行われている行為を性暴力であると認識できず、何が起きているのか分からず、混乱して抵抗が困難な状況が存在します。加害者は、その不認識や混乱に乗じて行為を繰り返すのです。

3　性暴力とそうでない性交を分けるもの

ここまで、不同意性交の共通点と抵抗できない心理について総括してきましたが、不同意性交はいつ、なぜ「性暴力」になるのでしょうか。別の言い方をすれば、「性暴力」としての不同意性交とは一体どのようなものなのでしょうか。これを探るために、調査を通じて見えてきた同意性交と不同意性交との境界線について掘り下げてみましょう。

1 同意のある性交とは

同意とは、性交するその一時点でなされる意思決定というよりは、関係性における相互作用（やりとり）を通じて前もって形成される「社会的プロセス」であることが、調査から明らかになりました（第3章～第6章）。特に、性交前に何らかの同意の意思確認――概して言葉による意思確認――のあることが浮かび上がりました。継続する関係では最初の性交前に、性交関係を持つことへの意思が確認されていました。関係が継続する間も、性交のたびに何らかの形で意思確認をする様子が多く見られました。このように、性交前に意思が確認され双方に共有されている場合、当事者は同意のある性交として認識していました。

2「性暴力」としての不同意性交

逆に、当事者に苦痛をもたらす不同意性交とはどのようなものでしょうか。これまでの議論から、次の特徴をまとめることができます。

①事前に上下関係が形成されており、場合によってはハラスメント行為がある。
②被害者側は心理的または社会的抗拒不能となっている。
③性交前に同意の意思確認が全くされていないか、不同意の意思表示が無視されている。
④性交に至るプロセスや性交そのものが被害者をモノ化する（意思や感情をないがしろにする）過程となっている。

被害当事者が「性暴力」として体験していた不同意性交にはこれらの特徴がみられ、特に、④のモノ化に加えて、①から③のいずれかの特徴を示すという共通点がありました。四つの特徴はいずれも「相手の意思や感情をないがしろにする」態度の表れと見ることができ、それは④のモノ化に最も端的に表れています。モノ化の特徴が備わっている時、あるいは備わっているが故に、「不同意性交」は単に同意のない性交ではなく「性暴力」という倫理的問題であるといえます。つまり、「人格をもったひとりの人間であるその人の意思や感情を尊重せず踏みにじる性交」であることが、「性の暴力」としての不同意性交のまさに本質であると結論付けることができます。

4　グレーゾーンへの配慮

それでもなお、同意性交と不同意性交、性暴力とそうでない性交の境界領域は広く、繊細な判断を要することは強調してもしすぎることはないでしょう。以下に、混同されやすい例を挙げます。

一見、不同意性交に見える同意性交

・上下関係があっても互いに同意のあるケース。同意の上での上司との恋愛など。上下関係があると下の立場の者が社会的抗拒不能に陥りやすい問題はあるものの、同意が成り立ち性交に納得している例も見られました。上の立場の者が相手の断りづらさに十分深く配慮しており、下の立場の者にとっては拒否の意思を示しても不利益を被らない条件が整っていることが重要だと考えられます。

・性交後に同意をひるがえすケース。交際や結婚への期待から同意したものの、期待が裏切られたため性交後に同意をひるがえすなど。性交前の同意を基準とすれば、後からひるがえしても同意性交と考えられます。とは言え、同意の対象が実は双方で食い違っている（性交のみへの同意と、結婚・出産をその延長線上に期待する性交への同意で食い違う）場合のあることは指摘しておきたい点です。

一見、同意性交に見える不同意性交

・心理的または社会的抗拒不能のために不同意の意思を表明できなかったケース。司法では「消極的同意」と誤解されがちです。自身の不同意の意思に無自覚なまま、心理的または社会的抗拒不能のために性交されてしまう場合も多く見られます。

・同意しているようで実は継続的な不同意性交に耐えているだけのケース。強制性交から始まり継続する性的関係、パートナー間の不同意性交などに多く見られます。

このように混同しやすい例はさまざまありますが、「相手の意思や感情をないがしろにする性交が性暴力である」という結論に立てば、相手の意思や感情に注意を払い尊重することができれば、性暴力は防げると考えられます。

〔注〕

1　メディアや文化を通じて性のモノ化が蔓延する社会では、モノ化が性暴力を生み出す要因となること、また加害者の責任は問われにくく、被害者側が責められる傾向があること、被害者は自分自身をモノ化するようになることなどが明らかにされています。

2　これらが認められない場合もあるので、それに関する議論は別途深める必要があります。

（大竹裕子・齋藤　梓）

【引用文献】

Barbara, F.L., & Tomi-Ann, R.（1997）Objectification theory: Toward understanding women's lived experiences and mental health risks. Psychology of Women Quarterly, 21（2）; 173-206.

Gervais, S.J. & Eagan, S.（2017）Sexual objectification: The common thread connecting myriad forms of sexual violence against women. American Journal of Orthopsychiatry, 87（3）; 226-232.

Szymanski, D.M., Moffitt, L.B. & Carr, E.R.（2011）Sexual objectification of women: Advances to theory and research. The Counseling Psychologist, 39（1）; 6-38.

World Health Organization/London School of Hygiene and Tropical Medicine（2010）Preventing Intimate partner and Sexual Violence Against Women: Taking action and generating evidence. Geneva, World Health Organization.

第12章　社会への提言——性暴力被害当事者が生きやすい社会にするために

この章では、冒頭で立てた残りの設問「被害当事者にとって、なぜ被害を認識したり相談したりすることが難しいのか」「被害当事者にとって必要な支援とは何か」に答えます。まず、支援につながることを妨げる障壁（バリアまたはハードル）についてまとめ、障壁をいかに取り除いて支援体制を築くかを考えます（表12-1参照）。

なお以降では、「相手の意思や感情をないがしろにする性交が性暴力である」という本書の結論に従って「性暴力」という語を用います。

1　支援につながる障壁

[1]被害認識形成の障壁

被害にあった人が支援につながるには、自分の身に起きたことは性暴力だと認識し、相談行動を起こすことが不可欠です。しかし調査では、被害認識の形成・相談までに一〇年以上かかった例が九件、全体の二二%と目立ちました。被害認識の形成には時間がかかることが分かります。

被害と認識するまでに時間がかかる原因の一つは、性暴力のイメージと実際の体験とのギャップです（第7章）。今の社会で最も一般的な性暴力（レイプ）のイメージは、「突然」「見知らぬ人に」「脅されて」被害にあうという極めて狭いイメージです。しかし、性暴力の多くは「日常生活の中で」「身近な人から」「暴行も脅しもなく」起こります。また、夫婦や恋人、親子間でも性暴力は起こり、しばしば繰り返されて継続します。こうしたギャップのために、被害認識の形成が遅れるのです。加えて、特に子どもでは自分の身に何が起きているのか分からないため、ある程度の年齢まで被害とは認識できない様子も見られました。

被害認識の形成が遅れるもう一つの原因は、「自分が悪かった」という自責感です。さらに、自責感を持つ原因として周囲からの非難があります。当事者と同様、周囲の人々も性暴力について狭いイメージしかなく「それはあなたが悪い」「なぜそんなことをしたんだ」「そんなことで苦しみ続けているなんておかしい」などと否定や批判をしがちです。こうした周囲の誤った反応を受けて、当事者は自分に責任があると思い込み、その結果、警察・支援機関等につながりづらくなっていました。

2 相談の障壁

たとえ被害認識を持って相談行動を起こしても、警察、医療機関、支援機関、社会（地域）のそれぞれに課題のあることも調査から見えました（第9章・第10章）。まず、警察・支援機関の大きな課題として、時間が経過した後の相談先が少ないことがあります。被害認識の形成には数年から一〇年以上もの時間がかかる傾向があるにもかかわらず、多くの支援機関は被害からあまり時間が経っていない相談を主に想定しています。そのため、経年後の被害をどこに相談して良いかが当事者の目からは極めて見えづらくなっていま

表 12-1　必要な支援とは――支援の障壁とその打開策

支援につながる障壁	必要な支援（障壁の打開策）
被害認識形成の障壁 ・性暴力に対する狭いイメージ。イメージと体験が合致しない。自分の身に何が起きているのか分からない。 ・周囲による被害者非難。 ・自責感。	**性暴力のイメージを変える社会啓発・教育** 誰に／どこで ・学校，職場，地域社会，インターネット等を通じた啓発。 ・子どもに対する性教育。 ・警察・司法・医療・支援機関の専門家に対する研修。 何を ・相手の意思や感情をないがしろにする性交（不同意性交）は性暴力である。 ・性暴力は日常の中で身近な人から暴行脅迫なく起こる。 ・性暴力は人を死に至らしめるほどの苦痛をもたらす。 ・被害を認識するまでに数年単位の時間がかかる。
相談の障壁 ・被害認識の形成不全。 ・警察・支援機関の課題。 物理的にアクセスしづらい。 経年後の相談先が少ない。 窓口での二次被害。十分信頼できない。 ・地域社会の課題 二次被害，誤った対応，見過ごし。	**警察・支援機関の充実と研修** ・経年後でも相談できる支援機関の拡充。 ・警察から支援機関への紹介連携の強化。 ・警察・医療・支援機関の研修の充実。 **法改正・司法運用** ・エントラップメント，社会的抗拒不能，モノ化，予兆行動と正当化等の特徴を取り入れる。 ・被害認識形成・相談の遅延性を考慮する。 ・警察・司法関係者に対する研修の充実。

す。また、警察、医療機関、支援機関、社会における二次被害も調査では目立ちました（第9章、第10章）。特に、本来は支援の窓口となる警察、医療機関、支援機関においても性暴力のイメージを狭く捉え、被害者心理の理解が浅いことは深刻な課題といえます。

2 必要な支援とは

1 性暴力のイメージを変える社会啓発・教育

こうした障壁を取り除くことが、被害当事者にとって必要な支援の基礎となります。具体的にはどうすればよいでしょうか。

第一に、性暴力のイメージを変える社会啓発・教育を充実させることで「被害認識形成の障壁」「相談の障壁」を大幅に取り除くことができます。見てきたように、「性暴力の狭いイメージ」は当事者の被害認識形成を妨げ、周囲からの否定や非難を呼び起こし、さらには警察・医療・支援機関における二次被害をも生み出す、根本原因の一つです。したがって、性暴力のイメージを現実に沿ったものに変えるだけで、多くの問題解決につながります。

2 何を啓発するか

では具体的に「誰に」「何を」啓発すれば良いでしょうか。啓発の内容は、調査結果とこれまでの議論から次の四つのエッセンスを挙げることができます。

①相手の意思や感情をないがしろにする性交（不同意性交）は性暴力である。
②性暴力の多くは「日常生活の中で」「身近な人から」「暴行も脅しもなく」起こる。夫婦、恋人、親族の間でも性暴力は起こる。関係性の中での性暴力は繰り返されて継続する傾向がある。
③性暴力は被害当時者に極度の苦痛をもたらし、自殺を引き起こす恐れのある深刻な暴力である。
④多くの被害当事者は強い自責感に苦しみ、被害だと認識できるまでに数年単位の時間がかかる。

特に①は最も根本的で重要です。現在、当事者・支援者団体は不同意性交を性暴力として啓発しています。ただ、「不同意性交」の言葉からイメージされるものが人によりかなり異なること、また、相手の表明するYES／NO、同意／不同意に気を取られるあまり、相手が表明できずにいる意思や感情、言葉にならない微妙な表情や身振りに心を配る繊細さが忘れられてしまう可能性もあります。

当事者の体験に基づき「不同意性交」の意味を掘り下げると、「相手の意思や感情をないがしろにする性交」を指していました。この意味するところを確実に伝えるには、「相手の意思や感情をないがしろにする性交が不同意性交であり、性暴力である」こと、「互いの意思や感情を、表に出ていないものまで含めて、心を配り大切にし合うのが同意性交である」ことの啓発が重要であり、被害当事者が本当に求めているものではないでしょうか。

3 誰に啓発するか

性暴力はどこでも起こり、誰もが被害当事者になりうることを考えると、啓発の対象を絞ることは容易ではありませんが、次の三つの対象を優先的に挙げることができます。

①性暴力および周囲への相談が起きやすい社会生活の場である学校、職場、地域社会での啓発。インターネットやソーシャルメディア等を利用しての啓発。

②子どもに対する性教育。幼少期に適切な性暴力のイメージを形成し、相手の意思や感情を大切にする関わり方を学ぶことで、その後の被害や加害を防ぎやすくなる。

③警察・医療・支援機関等の専門家に対する研修。相談窓口につながった際の二次被害を防ぐ。

「意思や感情をないがしろにする性交は性暴力である」という共通認識の下、被害を受けた人が警察や支援機関に安心して相談できる環境を作り出してゆくのはとても大切なことです。さらに、被害を受けた人の多くは、身近な人のサポートがあって初めて被害を認識したり支援につながれたりしています（第9章）。したがって「つなぐ」役割をしっかりと果たせる人を一人でも増やすことが、啓発教育の一つの肝といえます。

例えば、支援制度が整っていることで知られるイギリスを例にとると、保育園、学校、会社、病院といった被害当事者にとって最初の相談先となるところは、必ず性暴力についての研修を受け、被害を疑われるケースがあれば警察や専門支援機関に連絡するよう義務付けられています。一般の人々も性暴力について知識を持ち、友人や同僚から被害を打ち明けられたら警察や専門支援機関につなぎます。「つなぐ」役割を市民社会を構成する一人ひとりが担うことで、支援システムが機能しています。

大切なのは、最初に被害を打ち明けられた人が、「それは性暴力だ」と承認し、当事者を警察や専門支援機関にしっかりと「つなぐ」役割を果たすこと、そのための啓発教育をさまざまな場面で行っていくことです。

4 警察・支援機関の充実と研修

第二に、警察や支援機関の質を向上させることで「相談の障壁」を取り除くことができます。相談の障壁として、経年後の相談先が少ないことは既に述べました。他にも、警察や支援機関が物理的にアクセスしづらい（相談時間が限られる、場所が遠い等）、二次被害の不安があり相談しにくいといった訴えもありました（第9章）。

こうした課題を解決するには、被害から何年経っても相談ができる支援機関を増やすこと、警察・医療・支援機関に対する研修を充実させ質を向上させることが求められます。また、警察から支援機関への紹介連携を強化することで、「性犯罪」として事件にするのは難しい事案でも、「性暴力」として適切な支援を受けられるような流れを作ることが求められます。

現状として、性犯罪・性暴力被害者のためのワンストップ支援センターや犯罪被害者支援センターなどの支援機関は、いずれも公的経済的支援が少なく、常に人員が不足している状態です。受け皿となるこうした支援機関の充実、予算配分も重要な課題だと考えられます。

5 法改正・司法運用

第三に、法律と司法運用を被害の実情に合ったものにしていくことが挙げられます。本書では、「暴行脅迫」「抗拒不能」といった性犯罪の要件や司法運用の在り方が、被害の実情から乖離していることを指摘してきました。これらの要件が、日本社会における「性暴力の狭いイメージ」を形づくってもいます。これについて調査結果から言えるのは、深刻な苦痛を与える性暴力には「エントラップメント」「社会的抗拒不能」「モノ化」といった共通する特徴があることです（第3章、第4章、第5章）。こうした特徴を捉え、法律や司法運用に取り入れてゆくことが期待されます。

また、性犯罪の別の要件として加害者の故意性があります。加害者が「性犯罪をするつもりはなかった」「相手が嫌がっているとは思わなかった」等、故意でなかったと主張し、それが裁判において認められた場合は性犯罪にはなりません。しかし、たとえ故意ではないと主張しても、性交前の「予兆的行動」や性交後の「正当化」など加害者は共通の行動パターンを示すことがこの調査から明らかになりました（第4章）。

さらに、公訴時効の問題があります。現在、強制性交等罪および監護者性交等罪法は一〇年、強制わいせつ罪および監護者わいせつ罪は七年が時効年限となっています。しかし、調査から示されたように、被害認識の形成および相談までに一〇年以上かかる場合が少なくなく、この現状を考慮して時効の再検討が望まれます。

以上のような被害の現状が法律や司法運用に反映されるよう、警察・司法関係者の研修を行うことが強く求められます。

3　性暴力とヒューマニティ――人間であるということ

「相手の意思や感情をないがしろにする性交は性暴力である」という本書の結論は、当事者たちの体験から立ち上がってきたものであり、性暴力という人間にとって究極的な苦痛を通り抜けてきた人々が語る「人間とは何か」を指し示しています。つまり、人間とは意思と感情をもつ存在であり、人間として他者と関わり合うとは意思と感情を大切にし合うことだということ。意思と感情を尊重されることは人間として尊重されることであり、意思や感情を無視されることは人間として扱われないに等しいことだと、当事者たちの体験と声が、私たちに教えてくれています。

現代社会はそれ自体が人間疎外とモノ化の性質をはらみ、その中に生きる私たちも、自分自身や他者の意思、そして感情を、ないがしろにしがちです。そんな社会の中にあってもなお、自分と他者のもつ意思と感情を大切にし、また大切にしようとする、そんな人間らしい関わり方を一人ひとりが志向し続けること。それは愚直なようで、確かな、社会を変える道です。

（大竹裕子・齋藤　梓）

おわりに

この文章を書いている二〇二〇年三月は、covid-19、いわゆる新型コロナの感染拡大により、学校は休校になり、企業ではテレワークが推奨され、さまざまな活動は中止や延期となり、社会が落ち着かない状況にあります。

そのような中ではありますが、三月八日には、日本の全都道府県でフラワーデモが開催される予定でした。残念ながら、感染拡大を抑えるために形を変え、サイレントスタンディングの形や、オンライン配信の形を取るなどにはなりましたが、全都道府県に活動が広がったことは、長いあいだ、性暴力被害になかなか焦点が当たらなかった日本社会において、とても画期的なことだと思います。それだけ多くの方が、勇気をもって集まったということです。

この数年のあいだに、#Me Too 運動が起こり、財務省のセクシュアルハラスメント問題が起き、伊藤詩織さんの民事裁判（地裁）で詩織さんの勝訴判決がおり、市民団体が性犯罪刑法改正の要望書を法務大臣に提出し、と、日本の性暴力を取り巻くさまざまな出来事が起きました。

これまで、性暴力被害当事者の声に、社会はあまり耳を傾けてきませんでした。声は黙殺されてきました。しかし今、その声は、着実に社会に届き始めています。社会は変化の兆しを見せています。それは、傷つきながらも、負担を負いながらも、声を上げ続けた当事者の方々の努力の賜物です。

今回の研究は、こうした社会の流れがあってこそ、実現できたものだと感じています。

本書をお読みになって、皆さまは、なにを感じ、考えたでしょうか。

強い悲しみを抱いた方も、絶望的な気持ちになった方も、怒りを感じた方もいるかもしれません。苦しくて、何度も途中で読むことを休んだ方もいるかもしれません。

本書に記されていることは、すべて、現実に起きていることです。あまりにも理不尽で、現実ではないように感じた方もいるかもしれません。しかし、私や、この研究プロジェクトに関わったメンバーは、被害者支援の現場において、同じような現実を見てきました。中には、ご自身も同じような体験をしたと感じた方もいらっしゃると思います。本書に記されていることは、特殊な、特別な人が経験したことではないのです。今の日本で、多くの人に起きている現実です。

苦しい気持ちになった方もいるかもしれませんが、どうか、性暴力被害を取り巻く現状を知り、性暴力被害当事者が生きやすい社会、性暴力が起きない社会にするためにどうしたらよいか、一緒に考えていただければと思います。

最後になりますが、本書の第10章で示されたように、性暴力被害から回復する道はあると、私は思っています。それは非常に苦しい道のりであり、一人で進んでいくことはとても困難です。しかし、社会の性暴力被害に対する適切な理解、性暴力被害の実態に沿った法制度、周囲の人々の適切な対応、そして充実した支援機関の体制があれば、今よりも、道のりは穏やかなものになるはずです。
人々の理解の面でも、制度などシステムの面でも、支援体制の整った社会になっていくよう、働きかけていきたいと思います。

二〇二〇年三月　齋藤　梓

【研究プロジェクトメンバー】

〈研究責任者〉
齋藤　梓（目白大学心理学部　専任講師）

〈インタビュー実施および分析〉
大竹裕子（オックスフォード大学医療人類学研究室　リサーチフェロー）
宮本有紀（東京大学大学院医学系研究科　准教授）
高野　歩（東京医科歯科大学大学院保健衛生学研究科　准教授）
岡本かおり（清泉女学院大学人間学部　准教授）
松本衣美（東京大学大学院医学系研究科　研究員）
江口のぞみ（埼玉県立大学保健医療福祉学部　准教授）
金田智之（一般社団法人 Spring　研究員）

〈トレーニング等協力〉
松井　周（東京大学大学院医学系研究科　研究員）
山本　潤（一般社団法人 Spring　代表）

〈ウェブサイト作成、翻訳〉
キタ幸子（東京大学大学院医学系研究科　助教）
鈴木　萌（イースト・アングリア大学）

県	名称	相談受付日時	相談電話番号・メールアドレス※ ※メール相談を実施しているセンターのみ
高知県	性暴力被害者サポートセンターこうち	月～土 10:00 ～ 16:00 （祝日，年末年始を除く）	080-9833-3500
福岡県・北九州市・福岡市	性暴力被害者支援センター・ふくおか	24 時間 365 日	092-762-0799
佐賀県	性暴力救援センター・さが 「さが mirai」	月～金 9:00 ～ 17:00	0952-26-1750 (さが mirai)
	※佐賀県立男女共同参画センター・佐賀県立生涯学習センター（アバンセ）においても女性のための総合相談を受け付けています。	火～土 9:00 ～ 21:00 日・祝日 9:00 ～ 16:30 （アバンセ）	0952-26-0018 (アバンセ)
長崎県	性暴力被害者支援「サポートながさき」(公益社団法人 長崎犯罪被害者支援センター)	月～金 9:30 ～ 17:00 （祝日，12/28 ～ 1/4 を除く）	095-895-8856 メールでの相談受付：HP内の相談フォームから送信
熊本県	性暴力被害者のための サポートセンター ゆあさいどくまもと	毎日 24 時間 （12/28 22:00 ～ 1/4 10:00 を除く）	096-386-5555 メール：support@yourside-kumamoto.jp
大分県	おおいた性暴力救援センター「すみれ」	月～金 9:00 ～ 20:00 （祝日，年末年始を除く）	097-532-0330
宮崎県	性暴力被害者支援センター 「さぽーとねっと宮崎」	月～金 10:00 ～ 16:00 （祝日，年末年始を除く）	0985-38-8300
鹿児島県	性暴力被害者サポートネットワークかごしま「FLOWER」	火～土 10:00 ～ 16:00 （祝日，年末年始を除く）	099-239-8787 メールでの相談受付：HP内の相談フォームから送信
沖縄県	「with you おきなわ」(沖縄県性暴力被害者ワンストップ支援センター)	24 時間 365 日	#7001

○公益社団法人全国被害者支援ネットワーク

https://www.nnvs.org/support_center/

https://www.nnvs.org/supports_top/

犯罪被害者等電話相談　7:30 ～ 22:00(12 月 29 日から 1 月 3 日までを除く)

0570-783-554

＊全国の被害者支援センターの開設時間内はお住いのエリアの被害者支援センターにつながります

県	名称	相談受付日時	相談電話番号・メールアドレス※ ※メール相談を実施しているセンターのみ
奈良県	奈良県性暴力被害者サポートセンター NARA ハート	火～土 9:30 ～ 17:30 （祝日・年末年始・月曜日が祝日と重なるときはその翌日，を除く）	0742-81-3118
和歌山県	性暴力救援センター和歌山「わかやま mine（マイン）」	電話相談：毎日 9:00 ～ 22:00 （受付は 21:30 まで。緊急避妊などの緊急医療は 22:00 まで。年末年始を除く） 面接相談（予約制）： 月～金 9:00 ～ 17:45 （祝日，年末年始を除く）	073-444-0099
鳥取県	性暴力被害者支援センターとっとり（クローバーとっとり）	電話相談： 月・水・金 11:00 ～ 13:00， 18:00 ～ 20:00 （年末年始を除く） 問合せ対応： 月～金 9:00 ～ 17:00 （祝日，年末年始を除く）	電話相談： 0120-946-328 （県内専用フリーダイヤル） 問合せ対応： 0857-26-7187 （県外から通話可能）
島根県	性暴力被害者支援センターたんぽぽ（島根県女性相談センター内）	月～金 8:30 ～ 17:15 （祝日，年末年始を除く）	0852-25-3010
岡山県	被害者サポートセンターおかやま（VSCO）（性犯罪被害者等支援センターおかやま）	月～土 10:00 ～ 16:00 （祝日，年末年始を除く）	086-206-7511
広島県	性被害ワンストップセンターひろしま	24 時間 365 日	082-298-7878
山口県	山口県男女共同参画相談センター「やまぐち性暴力相談ダイヤル あさがお」	24 時間 365 日	083-902-0889
徳島県	性暴力被害者支援センター よりそいの樹 とくしま（中央・南部・西部）	24 時間 365 日	共通相談ダイヤル 0570-003889 中央 088-623-5111 南部 0884-23-5111 西部 0883-52-5111
香川県	性暴力被害者支援センター「オリーブかがわ」	月～金 9:00 ～ 20:00 土 9:00 ～ 16:00 （祝日，年末年始を除く）	087-802-5566
愛媛県	えひめ性暴力被害者支援センター	24 時間 365 日	089-909-8851

県	名称	相談受付日時	相談電話番号・メールアドレス※ ※メール相談を実施しているセンターのみ
富山県	性暴力被害ワンストップ支援センターとやま	24時間365日	076-471-7879
石川県	いしかわ性暴力被害者支援センター「パープルサポートいしかわ」	月～金 8:30～17:15 （祝日，年末年始を除く） ※緊急医療などの緊急を要する相談は，24時間365日対応	076-223-8955
福井県	性暴力救援センター・ふくい「ひなぎく」	24時間365日	0776-28-8505
山梨県	やまなし性暴力被害者サポートセンター「かいさぽ ももこ」	月～金 10:00～16:00 （祝日，年末年始を除く）	055-222-5562 メール：HP内の相談フォームから送信
長野県	長野県性暴力被害者支援センター「りんどうハートながの」	24時間365日	026-235-7123 メール：rindou-heart@pref.nagano.lg.jp
岐阜県	ぎふ性暴力被害者支援センター	電話・メール相談： 24時間365日受付 面接相談（予約制）： 月～金 10:00～16:00 （祝日，年末年始を除く）	058-215-8349 メール：HP内の相談フォームから送信
静岡県	静岡県性暴力被害者支援センターSORA	24時間365日	054-255-8710
愛知県	ハートフルステーション・あいち	月～土 9:00～20:00 （祝日，年末年始を除く）	0570-064-810 愛知県内からのみ通話可能
	性暴力救援センター 日赤なごやなごみ	24時間365日	052-835-0753
三重県	みえ性暴力被害者支援センター よりこ	月～金 10:00～16:00 （祝日，年末年始を除く）	059-253-4115 メール：yorico@tenor.ocn.ne.jp
滋賀県	性暴力被害者総合ケアワンストップびわ湖SATOCO	24時間365日	090-2599-3105 メール：satoco3105biwako@gmail.com
京都府	京都性暴力被害者ワンストップ相談支援センター 京都SARA（サラ）	年中無休 10:00～22:00	075-222-7711
大阪府	性暴力救援センター・大阪SACHICO	24時間365日	072-330-0799
兵庫県	ひょうご性被害ケアセンター「よりそい」	月～水，金，土 10:00～16:00 （祝日，12/28～1/4，8/12～8/16を除く）	078-367-7874 （ナヤミナシ）

県	名称	相談受付日時	相談電話番号・メールアドレス※ ※メール相談を実施しているセンターのみ
福島県	性暴力等被害救援協力機関 SACRA ふくしま	月・水・金 10:00 ～ 20:00 火・木 10:00 ～ 16:00 （祝日，年末年始を除く）	024-533-3940
茨城県	性暴力被害者サポートネットワーク茨城	月～金 10:00 ～ 16:00 （祝日，年末年始を除く）	029-350-2001
栃木県	とちぎ性暴力被害者サポートセンター「とちエール」	月～金 9:00 ～ 17:30 土 9:00 ～ 12:30 緊急医療受付は 22:00 まで（祝日，年末年始を除く）	028-678-8200
群馬県	群馬県性暴力被害者サポートセンター「Save ぐんま」	月～金 9:00 ～ 16:00 （祝日，年末年始を除く）	027-329-6125
埼玉県	埼玉県性暴力等犯罪被害専用相談電話アイリスホットライン	24 時間 365 日	048-839-8341
千葉県・千葉市	NPO 法人 千葉性暴力被害支援センター ちさと	月～金 9:00 ～ 21:00 土 9:00 ～ 17:00 （祝日，年末年始を除く） （被害直後の緊急支援は 24 時間 365 日対応）	ほっとこーる 043-251-8500
千葉県	公益社団法人 千葉犯罪被害者支援センター	月～金 10:00 ～ 16:00 （祝日，年末年始を除く）	043-222-9977
東京都	東京都性犯罪・性暴力被害者ワンストップ支援センター 「性暴力支援ダイヤル NaNa」 （民間支援団体（SARC 東京））	24 時間 365 日	03-5607-0799
神奈川県	かながわ性犯罪・性暴力被害者ワンストップ支援センター「かならいん」	24 時間 365 日	045-322-7379
新潟県	性暴力被害者支援センターにいがた	月～木 10：00 ～ 16：00 金～日・祝日 10：00 ～ 翌日 10：00 （12 月 29 日～ 1 月 3 日除く）	025-281-1020 メール：HP 内の相談フォームから送信

相談先一覧

＊各相談先の情報は，2020年3月現在のものです。最新版については，それぞれのホームページをご確認ください。

○警察庁性犯罪被害相談電話全国共通番号 「#8103」

https://www.npa.go.jp/higaisya/seihanzai/seihanzai.html （警察庁ホームページより）

#8103は，各都道府県警察の性犯罪被害相談電話窓口につながる全国共通の短縮ダイヤル番号です。発信された地域を管轄する各都道府県警察の性犯罪被害相談電話窓口につながります。

○行政が関与する性犯罪・性暴力被害者のためのワンストップ支援センター

http://www.gender.go.jp/policy/no_violence/seibouryoku/consult.html（内閣府男女協相談各局ホームページより）

県	名称	相談受付日時	相談電話番号・メールアドレス※ ※メール相談を実施しているセンターのみ
北海道・札幌市	性暴力被害者支援センター北海道「SACRACH（さくらこ）」	月～金 10:00～20:00 （祝日，年末年始を除く）	050-3786-0799 メール：sacrach20191101@leaf.ocn.ne.jp
青森県	あおもり性暴力被害者支援センター	月・水 10:00～21:00 火・木・金 10:00～17:00 （祝日，年末年始を除く）	「りんごの花ホットライン」 017-777-8349
岩手県	はまなすサポート	月～金 10:00～17:00 （祝日，年末年始を除く）	019-601-3026 メール：HP内の相談フォームから送信
宮城県	性暴力被害相談支援センター宮城	月～金 10:00～20:00 土 10:00～16:00 （祝日，年末年始を除く）	0120-556-460 （こころフォロー）宮城県内専用フリーダイヤル
秋田県	あきた性暴力被害者サポートセンター「ほっとハートあきた」	月～金 10:00～19:00 （祝日，年末年始除く）	0800-8006-410
山形県	やまがた性暴力被害者サポートセンター「べにサポやまがた」	月～金 10:00～21:00 （祝日，年末年始を除く）	023-665-0500

【分担執筆者プロフィール】（2020年9月現在）

江口のぞみ
埼玉県立大学保健医療福祉学部 准教授 ……………………………………………… 第10章

大竹裕子
オックスフォード大学医療人類学研究室 リサーチフェロー
……………………………………………………………… 第1章～第3章，第11章，第12章

岡本かおり
清泉女学院大学人間学部 准教授 ……………………………………………………… 第9章

金田智之
一般社団法人 Spring 研究員 …………………………………………………… ……… 第4章

齋藤　梓
目白大学心理学部 専任講師
…… はじめに，第1章～第3章，第5章～第7章，第11章，第12章，おわりに

松本衣美
東京大学大学院医学系研究科 研究員…………………………………… 第8章，第10章

宮本有紀
東京大学大学院医学系研究科 准教授…………………………………………………… 第10章

【編著者プロフィール】

齋藤 梓（さいとう・あずさ）

上智大学大学院博士後期課程単位取得退学，博士（心理学），臨床心理士，公認心理師

現在　目白大学心理学部心理カウンセリング学科専任講師

主著書　小西聖子・上田鼓編「性暴力被害者への支援　臨床実践の現場から」（分担執筆）

臨床心理士として学校や精神科に勤務する一方で，東京医科歯科大学や民間の犯罪被害者支援団体にて，殺人や性暴力被害等の犯罪被害者，遺族の精神的ケア，およびトラウマ焦点化認知行動療法に取り組んできた。現在，目白大学専任講師として被害者支援に関する教育と研究に携わりながら，支援団体での実務を継続している。性犯罪に係わる刑法改正（2017年）の会議においても，委員や幹事を務める。

大竹（モルナー）裕子（おおたけ・もるなー・ゆうこ）

ロンドン大学衛生熱帯医学大学院博士課程卒業，博士（PhD.，心理学，国際保健・医療政策）

現在　オックスフォード大学医療人類学研究室リサーチフェロー，国連パレスチナ難民救済機関リサーチアドバイザー，東京大学医学研究科国際保健学教室非常勤講師

主著　*Suffering of silenced people in northern Rwanda*（Social Science & Medicine），*Linking coping strategies to locally-perceived aetiologies of mental distress in northern Rwanda*（BMJ Global Health），*Sociality and temporality in local experiences of distress and healing: Ethnograpihc research in northern Rwanda*（Transcultural Psychiatry），他。

国際保健におけるネオコロニアリズムと脱植民地化をテーマに，女性，患者，難民など社会構造の中で不利な立場に置かれる人々の声と，人間的な豊かさを，国際政策や国内政策に反映させるための研究を行っている。

性暴力被害《せいぼうりょくひがい》の実際《じっさい》

被害《ひがい》はどのように起《お》き，どう回復《かいふく》するのか

2020年 6月25日 発行
2024年 1月20日 4刷

編著者 齋藤 梓・大竹裕子
発行者 立石 正信

株式会社 金剛出版
〒112-0005 東京都文京区水道1-5-16 電話03（3815）6661（代）
振替 00120-6-34848

装幀 戸塚泰雄（nu）
印刷・製本 シナノ印刷

ISBN978-4-7724-1767-9 C3011